Spuren der Vernunft

Herausgeber
Navid Chizari

Spuren der Vernunft Verlag

Spuren der Vernunft

3. Ausgabe | 2023

Erscheinungstermin:
Jumāda al-awwal 1444 | Dezember 2023

ISBN-13: 9798869967268

spurendervernunft.de
info@spurendervernunft.de

Druck & Vertrieb: Amazon KDP

Hinweis zur Transliteration

In dieser Zeitschrift wird eine vereinfachte und intuitive Transliteration verwendet. Sie ist vereinfacht, indem nur lange Vokale markiert werden. Dieses wird durch einen Strich über dem Buchstaben erkenntlich, wie *kitāb, fīl* oder *schūra*. Die Transliteration ist intuitiv, da man auch ohne Vorkenntnisse erahnen kann, wie die Wörter ausgesprochen werden. Nach der Erwähnung des Gesandten Allahs wird der arabische Segenswunsch ﷺ (*Allah segne ihn und schenke ihm Heil*) verwendet.

Übersicht

بسم الله الرحمن الرحيم

Einführung

Existiert Gott? Was ist der Sinn des Lebens? Gibt es ein Jenseits? Die Sinnfragen im Leben des Menschen sind das Ergebnis seiner Vernunftfähigkeit. Darin unterscheidet er sich von allen anderen Tieren. Diese Fähigkeit ermöglicht es ihm, „Sinnideale und Rechtfertigungsideen“ zu entwerfen, womit der Mensch ein „elementares Bedürfnis nach Sinngebung des persönlichen Lebens und nach Rechtfertigung all seines Denkens und Handelns“ befriedigt.[1] Das vielfältige „Reservoir von Mythen, religiösen Vorstellungen, Moralkonzepten, Sozialutopien, Weltbildern, Glückslehren und Ideologien“[2] kann auf die Vernunftfähigkeit und Sinnsuche zurückgeführt werden.

In der Gegenwart verlieren aber für immer mehr Menschen „die traditionellen Sinnstiftungsinstanzen, wie sie in der Vergangenheit die religiösen Konfessionen oder auch politische Weltanschauungsparteien waren, ihre Sinn vermittelnde Prägungs- und Bindungskraft. Die Konsequenz davon ist ein nihilistisches Sinnvakuum, das in der Psyche vieler Menschen depressive Gefühle und Grundstimmungen verstärkt oder

1 Kurt Salamun, *Wie soll der Mensche sein?*, 1.

2 Salamun, 1.

aber übertriebene Sehnsucht nach absoluter Sicherheit und Geborgenheit in einem über alle Zweifel und Anfechtungen erhabenen, fundamentalistischen Weltanschauungssystem stimuliert. Ein Indiz dafür, wie groß der Bedarf an Antworten zur Sinnfrage der menschlichen Existenz gegenwärtig ist, zeigt die Konjunktur von Literatur über das Glück."[1] Seitens der praktischen Philosophie gibt es auch Sinnentwürfe, um das nihilistische Sinnvakuum zu füllen. Doch Philosophen sind sich bewusst, dass es sich hierbei nur um „Sinnentwürfe ohne Sicherheitsgarantie" handeln kann, weil „die rationale Letztbegründung von Sinnkonzepten und Wertmaßstäben nicht möglich ist."[2] Gute Philosophen gestehen sich also die Grenzen der Vernunft ein und behaupten nicht, dass ihre Weltanschauung endgültig und universal gültig sein kann.

Doch auf die Sinnfragen ohne Gewissheit antworten, ist letztlich keine richtige Antwort. Genau an dieser Grenze der Vernunft beginnt der Bedarf nach einer weiteren Instanz, die über diese Grenzen hinausgeht und auf Gewissheit begründet, die Sinnfragen schlüssig beantwortet. An den Grenzen der Vernunft beginnt die Offenbarung.

Die göttliche Offenbarung bietet, anders als säkular-philosophische Weltanschauungen und Ideologien, einen festen Anker, vorausgesetzt, die Offenbarung appelliert an die Vernunft und gibt rational nachvollziehbare Antworten. Genau das tut der Koran.

Ein Leitmotiv im Koran ist der Aufruf, die Welt zu beobachten, um zu erkennen, dass sie einen Schöpfer haben muss. In den folgenden Beispielen aus dem Koran ist immer das Wort *ʿaql* und ihre Verbform oder das Wort *lubb* vorhanden. Beide können mit Verstand oder Vernunft übersetzt werden.

---

1 Salamun, 3.

2 Salamun, 4.

In der Schöpfung der Himmel und der Erde; im Unterschied von Nacht und Tag; in den Schiffen, die das Meer befahren mit dem, was den Menschen nützt; darin, daß Allah Wasser vom Himmel herabkommen läßt, und damit dann die Erde nach ihrem Tod wieder lebendig macht und auf ihr allerlei Tiere sich ausbreiten läßt; und im Wechsel der Winde und der Wolken, die zwischen Himmel und Erde dienstbar gemacht sind, sind wahrlich Zeichen für Leute, die vernünftig sind.[1]

In der Schöpfung der Himmel und der Erde und in dem Unterschied von Nacht und Tag liegen wahrlich Zeichen für diejenigen, die Verstand besitzen.[2]

Und Er hat euch die Nacht und den Tag, die Sonne und den Mond dienstbar gemacht; und auch die Sterne sind durch Seinen Befehl dienstbar gemacht worden. Darin sind wahrlich Zeichen für Leute, die vernünftig sind.[3]

Im Koran finden sich etliche Beispiele, die auf die Schöpfung aufmerksam machen, damit der Mensch von diesen Zeichen *(āyāt)* die Existenz des Schöpfers ableitet.[4] Auch die Schöpfung des Menschen ist ein Zeichen für die Existenz und Allmacht Gottes:

Wir werden ihnen Unsere Zeichen an den Horizonten und in ihnen selbst zeigen, bis es ihnen klar wird, daß es die Wahrheit ist. Genügt es denn nicht, daß dein Herr über alles Zeuge ist?[5]

---

1 Koran (2:164).

2 Koran (3:190).

3 Koran (16:12).

4 Siehe: Koran (13:4), (16:27), (29:63), (30:42), (39:21),(40:67) und (45:5).

5 Koran (41:53).

Oder sind sie etwa aus dem Nichts erschaffen worden, oder sind sie gar selbst die Schöpfer?[1]

Das erste Leitmotiv ist also die Welt als Zeichen und Beweis für die Existenz eines Schöpfers. Dieser wiederum ist anders als alles Erschaffene. Im Koran heißt es: ﴾Nichts ist Ihm gleich﴿[2], daher kann Er auch nicht mit den Sinnen erfasst werden, weil Er weder einen Körper besitzt noch innerhalb der Schöpfung verweilt. Der Weg zur Gotteserkenntnis kann daher nur durch die Vernunft erfolgen, da sie in der Lage ist, von der Existenz der Schöpfung die Notwendigkeit eines Schöpfers abzuleiten.

Es gibt zwei weitere Leitmotive im Koran: Erstens, die Gottgesandten, die die Offenbarung verkünden und den Menschen den göttlichen Willen kundtun. Zweitens, das Leben nach dem Tod und der ewige Verbleib im Jenseits. Der Koran erwähnt an mehreren Stellen die typische Reaktion der Menschen auf die Vorstellung von Gottgesandten und der Wiederauferstehung. Über die Leugnung der Gesandten teilt Allah im Koran dem Gesandten Muhammad ﷺ folgendes mit: ﴾Bereits vor dir wurden Gesandte der Lüge bezichtigt.﴿[3] Die Menschen haben sich sogar über sie lustig gemacht, wie im Koran steht: ﴾Es kommt kein Gesandter zu ihnen, ohne dass sie sich über ihn lustig machen würden.﴿[4]

Hinsichtlich der Wiederauferstehung erwähnt der Koran unter anderem die folgende Reaktion der Menschen: ﴾Sollen wir denn wirklich aus den Gräbern zurückgebracht werden, wenn wir zu verrotteten Knochen geworden sind?﴿[5]

---

1 Koran (52:35).

2 Koran (42:11).

3 Koran (6:34).

4 Koran (36:30).

5 Koran (79:10-11).

Nach der Wiederauferstehung und dem Tag des Jüngsten Gerichts werden die Menschen entweder ewig im Paradies oder der Hölle verweilen. Ersteres ist der Ort für die Gläubigen: ﴾Diejenigen aber, die glauben und rechtschaffene Werke tun, das sind Insassen des Paradiesgartens. Ewig werden sie darin bleiben.﴿[1] Letzteres gilt für die Ungläubigen: ﴾Diejenigen aber, die ungläubig sind und Unsere Zeichen für Lüge erklären, das sind Insassen des Höllenfeuers. Ewig werden sie darin bleiben.﴿[2]

Mit diesen drei Themen, d. h. der Gottesexistenz, der Wahrhaftigkeit der Gesandten und dem Jenseits, beschäftigt sich *kalām*, die Wissenschaft von *īmān*. Die ersten beiden werden durch die Vernunft bewiesen. Sobald die Wahrhaftigkeit der Gesandten dargelegt wurde, ergibt sich logischerweise daraus, dass alles, was ein Gesandter mitteilt, der Wahrheit entspricht. Der letzte Gesandte Allahs ﷺ hat den Menschen viele verborgene Dinge mitgeteilt, die allein durch die Vernunft weder bewiesen noch widerlegt werden können. Dazu gehört die oben erwähnte Existenz eines Jenseits, in dem die Menschen auf ewig entweder im Paradies oder in der Hölle verbleiben werden. Die Aufgabe der Wissenschaft von *kalām* lässt sich also folgendermaßen zusammenfassen: „Sie beweist die Wahrhaftigkeit der Offenbarung allein aus der Vernunft und begründet, nachdem sie dies geleistet hat, diejenigen theoretischen Lehren der Offenbarung, die sich nicht ausschließlich durch die Vernunft beweisen lassen, aus der Offenbarung."[3]

Die drei Abschnitte dieser Ausgabe befassen sich mit genau diesen Themen. Der erste Teil beantwortet die Frage *„Was ist Vernunft?"* anhand des Korans und einer detailierten Ausführung

1 Koran (2:82).

2 Koran (2:39).

3 Jens Bakker, *Normative Grundstrukturen der Theologie des sunnitischen Islam im 12./18. Jahrhundert*, 621.

von Imam Ghazālī. Zudem wird die wichtige Unterscheidung zwischen den drei Verstandsurteilen erklärt, die die Grundlage einer rationalen Theologie sind.

Im zweiten Abschnitt wird gezeigt, warum der Islam eine rationale Religion ist. Dabei wird ein Überblick über die Argumente gegeben, die muslimische Theologen verwendet haben, um die Existenz Gottes und die Wahrhaftigkeit des Gesandten zu beweisen.

Im letzten Abschnitt wird das Verhältnis zwischen Offenbarung und Vernunft behandelt. Es werden einige Grundprinzipien im Zusammenhang der Koraninterpretation erläutert und gezeigt, warum es keine Widersprüche zwischen Vernunft und Offenbarung gibt und geben kann.

Was ist Vernunft?

⟪Die schlimmsten Lebewesen bei Gott sind die tauben und stummen, die keinen Verstand haben.⟫[1]

Im Koran wird die Verbform von *ʿaql* mehr als 45 mal verwendet. Je nach Kontext hat sie in der Regel eine der folgenden zwei Bedeutungen. Entweder ist es die Fähigkeit, um Wissen aufzunehmen oder es ist das Wissen selbst, welches durch die Fähigkeit der Wissensaufnahme den Menschen Nutzen bringt.[2] Nach der Aussage von Rāghib al-Isfahānī, dem Autor des bekannten Werkes *al-Mufradāt fī gharīb al-Quran* zu den Worterläuterungen im Koran, ist jede Stelle, an der Allah die Ungläubigen aufgrund von fehlenden *ʿaql* tadelt, ein Hinweis auf die zweite Art der Verwendung, wie zum Beispiel in diesem Koranvers: ⟪Mit denen, die ungläubig sind, ist es, wie wenn einer etwas anschreit, was nur Rufen und Zurufen hört. Taub, stumm, blind sind sie, so haben sie keinen Verstand.⟫[3]

Die Wortwahl im Koran gegenüber der Unvernunft ist sehr scharf. So heißt es unter anderem: ⟪Oder meinst du, dass die meisten von ihnen hören oder begreifen? Sie sind doch nur

---

1 Koran (8:22).

2 Rāghib al-Isfahānī, *Mufradāt al-Qurān*, 345

3 Koran (2:171).

wie das Vieh. Aber nein! Sie irren noch weiter vom Weg ab.❱[1] Um diesen deutlichen Tadel gegenüber der Unvernunft zu verstehen, muss man erkennen, dass im Koran der Unglaube mit Unvernunft gleichgesetzt wird. Wer von Allah nicht überzeugt ist und den Gesandten ﷺ nicht für wahrhaftig erklärt, ist nicht nur ungläubig sondern auch unvernünftig. Daher sagt Imam Ghazālī folgendes:

> Selbst wenn ein Nicht-Muslim *(kāfir)* Vorzüge in einigen Wissenschaften, wie Medizin oder Ingenieurwesen, aufweist, dann bezeichnet man ihn nicht als 'vernünftig' *(ʿāqil)* sondern als 'fähig' *(dāhin)* 'gebildet' *(fāḍil)* oder 'schlau' *(kays)*.[2]

Mit anderen Worten: Vernünftig sein bedingt Muslim-Sein. Dieser Zusammenhang soll anhand Imam Ghazālīs Untersuchung von dem Begriff *ʿaql* verdeutlich werden. Es sei vorab angemerkt, dass die Begriffe Vernunft und Verstand als Synonyme verwendet werden. Auf die Frage: Was ist die Definition von Vernunft? Antwortet Imam Ghazālī:

> Es wird erhofft, dass Vernunft mit einer einzigen Definition definiert wird! Das ist Narrheit! Denn er ist mehrdeutiger Begriff, der für verschiedene Bedeutungen verwendet wird.[3]

Darum macht er eine detailliert Untersuchung und erwähnt vier Bedeutungen für das Wort *ʿaql*.[4] Die erste Bedeutung von Vernunft deutet auf eine Eigenschaft des Menschen hin wodurch er sich von anderen Tieren unterscheidet. Demnach beschreibt Vernunft eine natürliche Veranlagung *(gharīza)* oder Erkenntnispotential durch die der Mensch sich abstraktes Wissen

---

1 Koran (25:22).

2 Abū Hāmid al-Ghazālī, *Mihakk al-nazar,* 223.

3 *Mihakk al-nazar,* 222.

4 Es folgt eine Zusammenfassung von Ghazālīs Untersuchung. Siehe: Abū Hāmid al-Ghazālī, *Ihyāʾ ʿulūm al-dīn,* Bd. 1, 305-328.

aneignen und mit theoretischem Wissenschaften beschäftigen kann.

Dieses Potential ist in Tieren nicht vorhanden. Genau genommen ist sie auch nicht bei der Geburt des Menschen sofort vorzufinden. Vielmehr tretet es mit der Zeit zum Vorschein genauso, wie die körperlichen Fähigkeiten mit der Zeit zunehmen. Ein schönes Gleichnis hierfür gibt uns Imam Ghazālī, der das Heranwachsen der Vernunft mit dem Licht der Morgensonne vergleicht. In der Nacht kurz vor dem Sonnenaufgang ist das Sonnenlicht am Horizont nicht zu erkennen. Mit dem Aufsteigen der Sonne nehmen die Strahlen zu und werden immer stärker, bis die Sonne schließlich vollständig am Horizont zu sehen ist. So verhält es sich auch mit dem menschlichen Verstand. Mit dem Erwachsenwerden reift der Verstand eines Kindes immer mehr und es lernt, abstrakt und theoretisch zu denken. Beispielsweise beginnen Kinder erst ab dem fünften Lebensjahr, das Konzept von Zeit zu verstehen. Sie begreifen zwar Ausdrücke wie „Zeit zum Zähneputzen" oder „Schlafenszeit", aber sie erfassen nicht das abstrakte Konzept von Zeiteinheiten wie Minuten, Stunden, Wochen oder Monate. Kurz gesagt bezeichnet Vernunft oder Verstand unter anderem ein Erkenntnispotenzial des Menschen, das ihn zum abstrakten Denken befähigt.

Die zweite Bedeutung von Vernunft bezeichnet die drei Verstandsurteile, dass etwas rational notwendig, unmöglich oder möglich ist. Diese Thematik ist zentral für die Glaubensgrundlagen, die im weiteren Verlauf genauer untersucht wird. Kurz gefasst, die Verstandsurteile sind Erkenntnisse, die im Menschen vorhanden und für die keine Erfahrungen oder Experimente notwendig sind. Es ist beispielsweise rational notwendig, dass ein Teil immer kleiner ist als sein Ganzes. Es ist rational unmöglich, dass ein und dieselbe Sache im selben Moment an zwei Orten gleichzeitig sein kann. Wir begreifen die Verstandsurteile intuitiv, da sie in uns verankert sind und nicht erlernt werden müssen.

Die dritte Bedeutung des Wortes *ʿaql* deutet auf experimentelles Wissen hin. Damit sind Erkenntnisse gemeint, die man sich durch viel Erfahrung und Übung aneignet. Im Deutschen würden wir Begriffe wie *geschult* oder *geschickt* verwenden. Im Arabischen hingegen wird hierfür häufig der Ausdruck *ʿaql tajrībī* verwendet, der mit *geschulter Verstand* übersetzen werden kann.

Die vierte und letzte Bedeutung von Vernunft ist das Erkennen der Folgen von Situationen und Handlungen, vor allem im Zusammenhang damit, die eigenen Begierden zu zügeln und zu bändigen. Eine vernünftige Person ist nach dieser Verwendung also jemand, der ihre Taten immer mit Blick auf die Konsequenzen vollzieht und sich nicht von Begierden und Impulsen leiten lässt. Hierin besteht ebenfalls ein weiterer Unterschied zu Tieren, die nur nach ihren Bedürfnissen und Instinkten handeln.

Somit kann der Begriff *ʿaql* eines von vier Dingen sein: Ein natürliches Erkenntnispotenzial, die Verstandsurteile, der geschulte Verstand und die Weitsicht hinsichtlich der Konsequenzen von Handlungen und Situationen.

Diese vier Bedeutungen lassen sich folgendermaßen zueinander in Verhältnis setzen: Das Erkenntnispotenzial ist die Grundlage und Quelle der zweiten Bedeutung der Verstandsurteile, weil diese sich aus ihm ableiten. Der geschulte Verstand wiederum ergibt sich aus dem Erkenntnispotenzial und den Verstandsurteilen. Und die Weitsicht ist die Frucht und das eigentliche Ziel der Vernunft.[1]

Es ist offensichtlich, dass sich die Menschen hinsichtlich ihrer geistigen Fähigkeiten unterscheiden. Außerdem würden

---

1 *Ihyāʾ*, Bd. 1, 315.

wir einige Menschen als vernünftiger als andere bezeichnen. Die vorherige Aufteilung der Vernunft in die vier Kategorien ist hilfreich, um einen differenzierten Blick auf die Unterschiede der Menschen zu erhalten.

Über die Vernunft im Sinne des Erkenntnispotenzials sagt Imam Ghazālī:

> Hinsichtlich der ersten Kategorie, welche die Grundlage ist, womit ich die natürliche Veranlagung meine, gibt es keine Möglichkeit, den Unterschied zwischen den Menschen zu leugnen. Sie ist wie ein Licht, das im Menschen aufgeht. Der Morgen und die Anfänge ihres Leuchtens sind im Alter der Unterscheidungsfähigkeit. Danach wächst es auf subtile Weise, bis es im Alter von vierzig Jahren vollkommen wird. Ihr Gleichnis ist das des Morgenlichts. Ihre Anfänge sind so subtil, dass sie schwer wahrzunehmen sind. Dann nimmt sie Stück für Stück zu, bis der Aufgang der Sonnenscheibe vollständig ist. So ist das Licht der Einsicht *(basīra)* vergleichbar mit dem Augenlicht *(basar)*, und ihr Unterschied ist am Blinden und dem scharfgestochenen Augenlicht zu erkennen.
>
> Die Vorgehensweise von Allah, dem Mächtigen und Majestätischen, ist die stufenweise Erschaffung aller Dinge, sodass sogar die Begierde im Kind nicht sofort in der Geschlechtsreife erscheint, sondern stufenweise und Stück für Stück. Genauso verhält es sich mit allen Fähigkeiten und Eigenschaften des Menschen. Wer die Unterschiede der Menschen in dieser natürlichen Veranlagung leugnet, so ist es als wäre die Schlinge seiner Vernunft losgelöst worden.[1]

Was die Vernunft im Sinne der Verstandsurteile betrifft, so gibt es unter den Menschen keinen Unterschied, denn es handelt sich um Erkenntnisse, die bereits in uns verankert sind. Nur weil

1 *Ihyā'*, Bd. 1, 322-323. Mit dem letzten Satz meint er, dass so eine Person nicht mehr vernünftig ist und Irrsinn akzeptiert.

man sie nicht explizit ins Gedächtnis ruft, heißt das nicht, dass sie nicht existieren. Das vorige Beispiel, dass ein Teil rational notwendig kleiner ist als sein Ganzes, ist eine offensichtliche Erkenntnis, die wir uns wahrscheinlich nie so bewusst vor Augen geführt haben, geschweige denn, dass es ein Beispiel für ein notwendiges Verstandsurteil ist. In unserem Verstand sind also Erkenntnisse vorhanden, über die wir uns nicht bewusst sind. Daher gibt es zwischen den Menschen keine Unterschiede hinsichtlich dieser Verstandsurteile. Der einzige Unterschied besteht im Bewusstsein und den Begriffen, die genutzt werden, um diese Erkenntnisse zu artikulieren.

Dies lässt sich vereinfacht mit der Wissenschaft der Mathematik verdeutlichen: Menschen sind in der Lage, mathematisch zu denken, ohne jemals Mathematik bewusst gelernt zu haben. Angenommen, ein Analphabet hat einen Apfel vor sich, und eine Person fragt ihn: „Wie viele Äpfel hättest du, wenn ich dir einen weiteren Apfel gebe?“ Der Analphabet würde sagen: „Offensichtlich zwei.“ Obwohl er nicht in der Lage ist, die Formel 1+1=2 aufzuschreiben oder zu lesen, hat sich diese Formel im Kopf abgespielt. Er ist sich aber über diesen Vorgang nicht bewusst und doch ist die Antwort offensichtlich. Genauso verhält es sich mit den Verstandsurteilen. Wenn wir keine Begriffe lernen, um unsere geistigen Prozesse zu artikulieren, dann können wir sie uns auch nicht bewusst vor Augen führen und sie nicht kommunizieren, obwohl sie offensichtlich sind. Wir werden noch über weitere Details der Verstandsurteile sprechen, denn das Ziel an dieser Stelle ist es zu zeigen, dass Vernunft im Sinne der Verstandsurteile den Menschen innewohnen und nicht gelernt werden müssen. Was gelernt wird, sind die Begriffe, um das, was in uns bereits vorhanden ist, auszudrücken.

Was den Unterschied der Menschen bezüglich der Vernunft im Sinne des geschulten Verstandes und der Weitsicht anbelangt, sagt Imam Ghazālī folgendes:

> Was die dritte Kategorie anbelangt, nämlich die Erfahrungswissenschaften, so ist der Unterschied der Menschen darin nicht zu leugnen. Sie unterscheiden sich hinsichtlich des angeeigneten Maßes an Wissen und der Schnelligkeit, es zu erfassen. Der Grund dafür liegt entweder im Unterschied der natürlichen Veranlagung oder der Übung.[1]
>
> Was die vierte Kategorie betrifft, also die angeeignete Fähigkeit, die Begierden zu bändigen, so ist der Unterschied zwischen den Menschen darin offensichtlich. Vielmehr ist sogar der Unterschied von den Zuständen derselben Person darin offensichtlich.
>
> Dieser Unterschied liegt manchmal in der Unterscheidung der Begierden begründet. Denn der Vernünftige ist in der Lage, einige Begierden zu unterlassen, während er bei anderen wiederum dazu nicht fähig ist. Doch es ist nicht nur darauf zu beschränken. Denn ein Jugendlicher ist womöglich unfähig, Unzucht *(zinā)* zu unterlassen. Mit zunehmendem Alter und einer vollkommeneren Vernunft wird er jedoch dazu in der Lage sein. Im Gegensatz dazu nimmt die Begierde nach Augendienerei und Führerschaft mit dem Alter nicht ab, sondern zu.
>
> Der Grund für den Unterschied kann jedoch auch in dem Wissen über die Kenntnis des Unheils dieser Begierden begründet sein. Deshalb ist der Arzt fähig, sich vor einigen schädlichen Arten von Ernährung zu schützen, während eine andere Person, die ihm hinsichtlich der Vernunft gleicht, dazu nicht in der Lage ist, weil sie kein Arzt ist, selbst wenn sie eine allgemeine Vorstellung über den Schaden hat. Doch

---

1 *Ihyā'*, Bd. 1, 322.

wenn das Wissen des Arztes vollkommen ist, dann ist seine Furcht stärker. So ist seine Furcht eine Armee der Vernunft und eine Ausrüstung für die Bändigung und Beschneidung der Begierden. Genauso ist ein Gelehrter aufgrund der Stärke seines Wissens über den Schaden der Sünden fähiger dazu, sie zu unterlassen, als ein Unwissender. Damit meine ich den wahren Gelehrten und nicht die Meister der Talismane und die Leute des unsinnigen Geschwätzes.

Wenn nun der Unterschied seitens der Begierde entsteht, dann ist er nicht auf den Unterschied der Vernunft zurückzuführen. Wenn es aber seitens des Wissens [über das Unheil] ist, dann haben wir diese Art von Wissen als Vernunft *(ʿaql)* bezeichnet. So stärkt er die natürliche Veranlagung der Vernunft. *(...)*

Der Unterschied kann auch aufgrund des Unterschieds in der natürlichen Veranlagung der Vernunft entstehen. Wenn diese erstarkt, dann ist ihr Zügeln der Begierden zweifellos stärker.[1]

Demnach sind die Hauptfaktoren, die den Menschen unvernünftig machen, zügellose Begierden *(shawa)* und Gelüste *(hawā)*. Im Koran heißt es diesbezüglich:

Und Allah will eure Reue annehmen; diejenigen aber, die den Begierden folgen, wollen, dass ihr völlig abweicht.[2]

Dann folgten nach ihnen Nachfolger, die das Gebet vernachlässigten und den Begierden folgten. So werden sie den Lohn für ihre Verirrung vorfinden, außer demjenigen, der bereut, glaubt und rechtschaffen handelt. Jene werden

1 *Ihyāʾ*, Bd. 1, 321-322.

2 Koran (4:27).

in den Paradiesgarten eingehen und ihnen wird in nichts Unrecht zugefügt.[1]

Was meinst du wohl zu einem, der sich seine Gelüsten zu seinem Gott nimmt? Würdest du denn Sachwalter über ihn sein können?[2]

Wenn sie nicht auf dich hören, so wisse, dass sie nur ihren Gelüsten folgen. Und wer ist weiter abgeirrt als jemand, der seinen Gelüsten folgt ohne Rechtleitung von Allah. Gewiss, Allah leitet das ungerechte Volk nicht recht.[3]

Der Koran teilt auch mit, dass selbst Wissen nicht schützen kann, sobald die Begierden und Gelüste überhandnehmen:

> *Was meinst du wohl zu jemandem, der sich als seinen Gott seine Gelüste genommen hat, den Allah trotz seines Wissens hat in die Irre gehen lassen und dem Er das Gehör und das Herz versiegelt und auf dessen Augenlicht eine Hülle gelegt hat? Wer könnte ihn nach Allah rechtleiten? Bedenkt ihr denn nicht?*[4]

Es ist wichtig zu verstehen, dass die Begierden nicht intrinsich schlecht sind, weil der Mensch durch sie Bedürfnissen nachgeht, die für seine Erhaltung notwendig sind. Im Koran wird erwähnt, dass die Belohnung im Paradies Dinge sind, die der Mensch begehrt.

Ihr werdet darin haben, was eure Seelen begehren, und ihr werdet darin haben, was ihr erbetet.[5]

---

1 Koran (19:59-60).

2 Koran (25:43).

3 Koran (28:50).

4 Koran (45:23).

5 Koran (41:31).

Es werden ihnen Schüsseln aus Gold und Trinkschalen herumgereicht; darin gibt es, was die Seelen begehren und köstlich für die Augen ist. Und ewig werdet ihr darin bleiben.[1]

Das Problem ist also nicht die Begierde selbst, denn sie ist ein natürlicher Aspekt des Menschen. Vielmehr ist das Tadelnswerte darin das Übermaß und die Nichteinhaltung der Scharia, wenn man den Begierden nachgeht. Darum findet man auch hin und wieder die Unterscheidung zwischen Begierden *(shahwa)* und Gelüsten *(hawā)*. Diesbezüglich sagt Imam Ghazālī:

> Wenn du fragst: Gibt es einen Unterschied zwischen den Gelüsten und der Begierde? *(...)*
>
> Mit dem Begriff Gelüste meinen wir das Tadelnswerte aus der Summe aller Begierden, nicht aber das Lobenswerte.
>
> Das Lobenswerte ist von dem Werke Allahs, dem Erhabenen, welches die Fähigkeit ist, die dem Menschen bei seiner Erschaffung gegeben wurde, durch die die Seele dazu veranlasst wird, das zu tun, was gut für seinen Körper ist, sowohl in Bezug auf die Erhaltung seines Körpers als auch seiner Art oder beider zusammen.
>
> Das Tadelnswerte ist von dem Werk der zur Bosheit anstachelnden Seele, welches dazu verleitet, die körperlichen Genüsse zu bevorzugen. Wenn diese Begierde vorherrschend ist, dann wird sie als Gelüst bezeichnet. Denn das Gelüst verführt und unterwirft das Denken, um ohne Unterlass ihrer Unterweisungen zu gehorchen. Das Denken schwankt zwischen dem Gelüst und der Vernunft und dient ihnen. Die Vernunft ist über dem Denken und die Gelüste unter ihm. Wenn das Denken der Vernunft zuneigt, steigt es auf, gewinnt an Ehre und erzeugt vortreffliche Handlungen.

1 Koran (43:71).

> Wenn es aber dem Gelüst zuneigt, erniedrigt es sich in die tiefsten aller Tiefen und erzeugt böse Handlungen.[1]

Jedem von uns fällt es aus eigener Erfahrung und der Beobachtung anderer Menschen auf, dass die Begierden wesentlich stärker sind und die Vernunft ihnen oftmals unterliegt. Der Grund hierfür liegt in der menschlichen Entwicklung und der Tatsache, dass die Begierden den Menschen wesentlich länger begleiten als die Vernunft.

> Die Seele ist im ersten natürlichen Zustand viel empfänglicher für die Bestätigung und Führung der Sinne *(ḥiss)* und Einbildung *(wahm)*, weil sie der Seele im ersten natürlichen Zustand vorangehen und sie bei der Urteilsfindung überkommen. Darum ist die Seele daran gewöhnt, sich auf diese beiden zu verlassen. Sie hat sich also an sie gewöhnt, bevor die Urteilsfindung der Vernunft sie erreicht hat. Daher fällt es der Seele schwer, dem Scharfsinn aufgrund ihrer vorherigen Gewohnheit zu folgen und sich der Leitung von demjenigen hinzugeben, der in Bezug auf ihre Natur wie ein Fremder ist. Darum widerspricht die Seele dem Urteil der Vernunft, bezichtigt sie der Lüge und stimmt dem Urteil der Sinne und Einbildung zu, bis sie durch Tricks gezügelt wird (…).[2]

Das Verhältnis zwischen Vernunft und Begierde führt uns zu einem weiteren Aspekt, der mit dem Konzept von *taklīf* zusammenhängt.

Taklīf beschreibt die von Allah auferlegt religiöse Verantwortung. Diese Verantwortung umfasst die drei Bereiche der Religion: *īmān, islām* und *ihsān*. Jeder vor Allah verantwortliche Mensch *(mukallaf)* ist verpflichtet, sich bestimmte

---

1 Abū Hāmid al-Ghazālī, *Mīzān al-ʿamal*, 124-125; *Das Kriterium des Handelns*, 129.

2 Abū Hāmid al-Ghazālī, *Miʿyār al-ʿilm*, 57-58.

Überzeugungen anzueignen, Handlungen zu vollziehen und die richtige innere Haltung dabei zu haben. Die Umsetzung davon setzt Wissen voraus.

Doch die religiöse Verantwortung ist an drei Bedingungen geknüpft: Vernunft *(ʿaql)*, Geschlechtsreife *(bulūgh)* und die Kenntnisnahme über die Botschaft des Gesandten Allahs ﷺ *(bulūgh al-daʿwa)*. An dieser Stelle ist nur die erste Bedingung von Interesse, denn sie hängt mit der Fähigkeit des abstrakten Denkens zusammen. Was bedeutet das?

Beginnen wir bei der Erklärung hierfür mit folgendem Koranvers: ﴿Allah erlegt keiner Seele mehr auf, als sie zu leisten vermag.﴾[1] Dieser Koranvers beinhaltet ein einfaches, aber wichtiges Prinzip, das sich durch alle Bereiche der Religion zieht. In den letzten beiden Ausgaben wurde bereits deutlich, dass die Überzeugung, die Grundlage des Handelns und der inneren Haltung ist. Das Gleichnis dafür war das Verhältnis zwischen den Wurzeln eines Baumes *(Überzeugungen)* und den Ästen *(Handlungen)* sowie ihren Früchten *(Haltung)*.

Die Gotteserkenntnis ist also die Grundlage für alles andere. Diese setzt aber voraus, dass man in der Lage ist, von der Existenz der Welt die Existenz des Schöpfers herzuleiten. Genau das ist abstraktes Denken. Das wiederum setzt die Vernunft voraus. Wie oben erwähnt, setzt die Vernunft in der Entwicklung des Menschen erst nach der Begierde und Einbildungskraft ein. Wenn die Vernunft nun später, wie im Falle von Kindern, oder gar nicht einsetzt, wie im Falle von Geisteskranken, dann ist man von den religiösen Verpflichtungen befreit. Selbst wenn Kinder über Gott sprechen, handelt es sich dabei um ein Nachsprechen von dem, was sie von den Eltern gehört und gelernt haben. Es ist aber keine Gotteserkenntnis im wahrsten Sinne des Wortes. Da die Fähigkeit des abstrakten Denkens, auf der die

---

1 Koran (2:286).

Überzeugungen aufbauen, in diesen beiden Gruppen nicht vorhanden ist, werden sie religiös nicht zur Verantwortung gezogen. Es gilt also das Prinzip: *Allah erlegt keiner Seele mehr auf, als sie zu leisten vermag.*

Die religiöse Verpflichtung *(taklīf)* hinsichtlich der Überzeugung *(īmān)* ist in dem Glaubensbekenntnis *(shahāda)* enthalten: *Es gibt keinen Gott außer Allah, und Muhammad ist der Gesandte Allahs.* Das Glaubensbekenntnis umfasst zweierlei: die Gotteserkenntnis und die Bestätigung der Gesandschaft von Muhammad ﷺ. Der zweite Teil wiederum bedingt weitere Glaubensinhalte, die als die sechs Säulen des īmāns bekannt sind. Diese werden in der Hadīth-Jibrīl erwähnt:

> *Īmān* bedeutet, an Allah, Seine Engel, Seine Bücher, Seine Gesandten, den Jüngsten Tag und an die Vorherbestimmung zu glauben, sei sie gut oder schlecht.[1]

Kurzgesagt besteht die Verpflichtung in Bezug auf die Überzeugung darin, die Existenz Gottes zu erkennen und die Wahrhaftigkeit des Gesandten ﷺ zu bestätigen. Wie weiter oben erwähnt, wird die Gottesexistenz anhand der Schöpfung hergeleitet. Das muss durch einen rational nachvollziehbaren Beweisen geschehen. Übrigens gilt das auch für die Wahrhaftigkeit des Gesandten ﷺ worauf wir noch zu sprechen kommen werden. Mit einem rationalen Beweis ist nichts weiter gemeint als ein Beweis, der auf den Verstandsurteilen basiert.

Urteilsarten

Die Verstandsurteile sind dreierlei: Entweder ist eine Sache rational notwendig, unmöglich oder möglich. Wie bereits erwähnt, sind die Verstandsurteile in uns verankert und

---

1 Hadith (Bukhārī).

Bestandteil der menschlichen Vernunft. Es geht also nicht um Verstandsurteile der Muslime oder der Sunniten. Vielmehr sind sie universal, und alles, was hier gemacht wird, ist ein Begriffsinstrumentarium zur Verfügung zu stellen, um das, was sich bereits in uns befindet, greifbarer zu machen. Schauen wir uns also die Begriffe und ihre Definitionen genauer an.

Ein Verstandsurteil *(hukm ʿaqlī)* bedeutet, einer Sache etwas zu- oder abzusprechen, ohne Bedarf an wiederholter Beobachtung und Konvention

Die Bedingung „ohne Bedarf an wiederholte Beobachtung" schließt empirische Urteile aus, und die Bedingung „Konvention" schließt Konventions- und Offenbarungsurteile aus. Die Unterscheidung zwischen den Urteilsarten lässt sich anhand folgender Beispiele verdeutlichen:

Zwei plus zwei sind vier.
Feuer verbrennt Holz.
Bei Rot bleibt man stehen.
Fasten im Monat Ramadan ist Pflicht.

Schon unsere Intuition sagt uns, dass all diese Aussagen notwendig sind, aber wir erahnen einen Unterschied zwischen ihnen. Um diesen Unterschied hervorzuheben, führen wir drei weitere Begriffe ein: Empirische Urteile und Konventions- oder Offenbarungsurteile.

Bei der Aussage: „Feuer verbrennt Holz." handelt es sich um ein empirisches Urteil, denn die Empirie basiert auf wiederholte Beobachtung. Wir sehen es bei Kindern: Sie wissen nicht von vornherein, dass Feuer heiß ist und dass es Holz verbrennt. Erst wenn sie es bei einem, beispielsweise, Lagerfeuer beobachten, stellen sie fest: Feuer verbrennt Holz. Und oftmals ist das nächste, was sie tun, andere Objekte ins Feuer werfen, weil sie herausfinden wollen, was mit diesen Gegenständen passiert.

Sie experimentieren und versuchen neue empirische Urteile zu sammeln.

Wir können also folgendes festhalten: **Ein empirisches Urteil** *(hukm ʿādī)* basiert auf wiederholter Beobachtung durch die Sinne. Mit dem Wort *Beobachtung* meinen wir hier natürlich alle Sinneswahrnehmungen. Folgende Aussagen fallen unter die empirischen Urteile:

In der Dunkelheit sieht man nicht.
Donner sind laut.
Honig schmeckt süß.
Rosen haben einen Geruch.
Metal ist hart.

Ein Konventionsurteil *(hukm wadʿī)* hingegen basiert auf der Festlegung einer autoritativen Instanz oder einer Menschengruppe. Es gibt überhaupt keine rationale Verbindung zwischen der Farbe Rot und dem Stehenbleiben. Darum muss diese Konvention gelernt werden, da die Verbindung eine festgelegte Verkehrsregel ist. Ampeln hätten also völlig andere Farben haben können. Unter diese Kategorie fallen auch Urteile wie „Das Wochenende ist am Samstag und Sonntag." Dieses Urteil trifft in den meisten westlichen Ländern zu, aber in vielen muslimischen Ländern sind Freitag und Samstag das Wochenende. Hierbei handelt es sich also auch um eine Konvention, weil es von einer autoritativen Instanz, in diesem Falle der Regierung, festgelegt worden ist.

Ähnlich verhält es sich mit den **Offenbarungsurteilen** *(hukm scharʿī)* insofern sie festgelegt worden sind, aber in diesem Fall von dem Schöpfer, also der höchsten Instanz. Die Verbindung zwischen der Verpflichtung und dem Fasten sowie dem Lohn im Jenseits wurde nur von Allah bestimmt. Genauso verhält es sich mit allen anderen religiösen Geboten und Verboten. Alle religiösen Normen fallen also unter diese Kategorie. Es ist also korrekt, wenn man auf die Frage: „Warum fasten Muslime jedes Jahr?" einfach nur antwortet: Weil Allah es so festgelegt hat.

Kehren wir zu den Verstandsurteilen zurück. Sie sind weder empirische Urteile noch Konventionen oder Offenbarungsurteile. Sie sind Urteile, die in uns verankert sind und nicht gelernt werden. Für die Aussage „Zwei plus zwei ist vier" brauchen wir weder Beobachtung noch Konvention oder Offenbarung. Vielmehr würden wir sofort wiedersprechen, wenn jemand auf die Idee kommt zu behaupten: „Zwei plus zwei sind fünf." Zu diesen Verstandsurteilen gehören auch Aussagen wie: „Das Entstandene hat eine Ursache," und „Das unendliche kann niemals enden."

Schauen wir nochmals auf die Beispiele und ordnen sie diesmal zu.

Zwei plus zwei sind vier.
Feuer verbrennt Holz.
Bei Rot bleibt man stehen.
Fasten im Monat Ramadan ist Pflicht.

Alle sind notwendig, aber nun können wir diese weitere differenzieren und sagen: Das erste Beispiel ist rational notwendig, das zweite empirisch notwendig und die letzten beiden notwendig nach der Konvention und Offenbarung. Alle drei Urteilsarten lassen sich weiter unterteilen in notwendig, unmöglich und möglich. Da wir für unsere Zwecke nur die Verstandsurteile benötigen, werden wir diese weiter ausführen.

Rational notwendig *(wājib ʿaqlan)* bezeichnet alles, dessen Nicht-Existenz dem Verstand nach undenkbar ist. Nehmen wir ein paar Beispiele, um es zu verdeutlichen.

Zwei plus zwei ist vier.

Ein Stück Kuchen ist kleiner als sein Ganzes.
Das Unendliche endet nicht.

Alle drei Beispiele beinhalten Urteile, die rational notwendig sind. Denn sie basieren weder auf Beobachtung noch Konvention oder Offenbarung. Es ist undenkbar, dass zwei plus zwei nicht vier ist, ein Stück größer ist als sein Ganzes und dass das Unendliche endet. Bei allen Beispielen reicht es die Bedeutung der einzelnen Wörter zu verstehen, um zu einem Ergebnis zu gelangen. Man muss also nicht über das Urteil nachdenken. Darum wird so ein Urteil als **offensichtlich** *(darūrī)* bezeichnet.

Im Gegensatz dazu sind die Urteile in den folgenden Beispielen nicht offensichtlich.

Gott hat keinen Partner.
Das Universum hat einen Anfang.
Was anfangslos ist, kann kein Ende haben.

Denkt man über diese Aussagen nach, stellt man fest, dass sie rational notwendig sind. Jedoch sind sie nicht offensichtlich, denn wenn es so wäre, dann gäbe es keine Polytheisten, die Gott Partner zuschreiben und Kosmologen, die behaupten, dass das Universum seit der Urewigkeit existiert. Darum werden diese Art von Urteilen, die Nachforschung und Nachdenken brauchen, **theoretisch** *(naẓarī)* genannt.

Rational unmöglich *(mustaḥīl ʿaqlan)* bezeichnet alles, dessen Existenz dem Verstand nach undenkbar ist. Schauen wir auf ein paar Beispiele, die offensichtlich unmöglich sind:

Zwei plus zwei ist fünf.
Ein Stück Kuchen ist größer als sein Ganzes.
Das Unendliche endet.

Es ist offensichtlich undenkbar, dass ein Stück Kuchen größer ist als sein Ganzes, denn ein Stück ist per Definition ein Teil vom Ganzen und ein Teil vom Ganzen kann nicht größer sein als das Ganze. Wir sehen also, dass es ausreicht, die Begriffe zu verstehen, um die Unmöglichkeit dieser Aussagen zu erkennen.

Folgende Aussagen sind ebenfalls rational unmöglich, aber theoretisch:

Gott hat einen Sohn.
Das Universum hat keinen Anfang.
Was anfangslos ist, kann ein Ende haben.

Es ist wichtig zwischen einem sprachlichen Ausdruck und der Realität dieses Ausdruckes zu unterscheiden. Wir bezeichnen etwas als „absurd“ oder „sinnlos“, wenn es nicht auf eine Realität verweist oder verweisen kann. Für einige Menschen verweisen die Aussagen „Gott hat einen Sohn“ oder „Das Universum hat keinen Anfang.“ auf eine Realität. Wenn man aber darüber reflektiert, wird man feststellen, dass beide Aussagen rational unmöglich und damit absurd sind. Anders als bei den offensichtlichen Aussagen bei denen keine Zwischenschritte im Denkprozess nötig sind, muss man bei theoretisch unmöglichen Aussagen die Zwischenschritte durchlaufen, damit man erkennt, dass die jeweilige Aussage absurd ist. Im zweiten Abschnitt werden wir konkrete Beispiele dafür anführen.

Rational möglich *(jāʾiz ʿaqlan)* bezeichnet alles, dessen Existenz und Nicht-Existenz dem Verstand nach zulässig ist. Mit anderen Worten: Alles, was gleichermaßen existieren und nicht existieren könnte, wird als rational möglich bezeichnet. Diese teilen sich ebenfalls in offensichtlich und theoretisch möglich auf. Zu den offensichtlich möglichen Urteilen gehören folgende Aussagen:

Morgen wird es regnen.
Das Essen im Kühlschrank ist schlecht geworden.
Das Ehepaar bekommt Zwillinge.

Es ist leicht, sich gedanklich auszumalen, dass die obigen Situationen eintreffen oder auch nicht eintreffen könnten. Nun gibt es aber auch mögliche Urteile, bei denen wir uns schwer vorstellen können, dass es anders sein könnte, weil wir nie beobachten, dass das Gegenteil eintrifft. Um es zu verdeutlichen:

Ein Mensch kann ohne Nahrung und Wasser überleben.
Eine Frau wird ohne Geschlechtsverkehr und Befruchtung schwanger.
Engel begleiten die Menschen.

Würde uns jemand sagen, dass er seit 10 Jahren nichts gegessen und getrunken hat, würden wir es für unmöglich halten. Empirisch gesehen, ist es auch richtig, weil der Körper Nährstoffe und Flüssigkeit braucht, um zu überleben. Doch es ist nicht rational unmöglich. Es ist denkbar, dass ein Mensch von der Geburt bis zum Tod nichts isst und trinkt. Wir haben uns aber so sehr an die Empirie gewöhnt, dass es für uns unmöglich erscheint, obwohl dem nicht so ist.

Nehmen wir das nächste Beispiel: Eine Frau wird ohne Geschlechtsverkehr und Befruchtung schwanger. Würde jemand so etwas behaupten, würden wir es nicht glauben und davon ausgehen, dass es zu irgendeiner Form der natürlichen oder künstlichen Befruchtung kam. Sicherlich ist Maria, die Mutter von Jesus, bei diesem Beispiel in den Sinn gekommen. Muslime und Christen sind von der wundersamen Geburt Jesus ohne Vater überzeugt. Gleichzeitig würden sie es jedoch in allen anderen Fällen für unmöglich erklären, weil es sich hierbei um ein Wunder handelt. Das zeigt also, dass die Aussage „Eine Frau wird ohne Geschlechtsverkehr und Befruchtung schwanger." zwar empirisch unmöglich, aber rational möglich ist.

Hieraus lässt sich eine wichtige Erkenntnis gewinnen: Die Wunder aus den Geschichten der Offenbarung fallen in den Bereich des rational Möglichen, sind aber empirisch unmöglich oder notwendig. Wenn etwas empirisch möglich ist, wird es nicht als Wunder betrachtet, da es sich im Rahmen des empirisch Möglichen abspielt.

Werfen wir noch kurz einen Blick auf das letzte Beispiel: Engel begleiten die Menschen. Da Engel naturwissenschaftlich nicht beobachtet werden können, existiert hier kein empirisches Urteil. Die Naturwissenschaften können weder die Existenz der Engel bestätigen noch negieren. Gleiches gilt für alle anderen Aspekte, die mit dem Verborgenen *(ghayb)* zusammenhängen. Mit dem Verborgenen ist die Sphäre gemeint, die sich der Messbarkeit entzieht. Hierzu zählen zum Beispiel der Schöpfer, die Engel, Jinn und das Jenseits. Es ist daher unvernünftig, wenn Naturwissenschaftlicher beginnen, über religiöse Überzeugungen, die mit dem Verborgenen zusammenhängen, Urteile zu fällen. Denn ihre Wissenschaft basiert auf der Messbarkeit der Phänomene. Wenn man also die Grundannahme hat, dass es das Verborgene gibt und dieses nicht messbar ist, kann die Naturwissenschaft nicht den Anspruch erheben, zu beweisen, dass es das Verborgene nicht gibt.

Sie kann höchstens die Grundannahme nicht akzeptieren und daraufhin die Position des Agnostikers einnehmen, der davon ausgeht, dass theologische Überzeugungen weder bewiesen noch negiert werden können. Woher wissen also Muslime, dass Engel existieren und den Menschen begleiten? Aus der Offenbarung. Der Beweis für einige Glaubensgrundlagen ist also nur aus der Offenbarung zu entnehmen, wie die Existenz von Engeln oder dem Jenseits. Andere hingegen müssen rational erklärt werden, wie die Existenz von Gott und die Wahrhaftigkeit der Gesandten.

Wir verfügen nun über das Begriffsinstrumentarium, um dieser Aufgabe nachzukommen. Wie ersichtlich ist, ist es essenziell, die Urteilsarten voneinander zu unterscheiden, da sonst etwas für unmöglich erklärt wird, obwohl es rational möglich ist. Genau hier entstehen die meisten Denkfehler: Die Nichtunterscheidung zwischen den Urteilen der Empirie und der Vernunft. Wenn man zwischen diesen beiden Urteilsarten differenzieren kann, ist man mit etwas Übung in der Lage, sehr viele Scheinargumente gegen den Islam, insbesondere aus den Naturwissenschaften, abzuwehren.

Fassen wir kurz zusammen: Die Urteile lassen sich entsprechend ihres Ursprungs in drei Kategorien unterteilen: Verstandsurteile, empirische Urteile und Offenbarungsurteile. Die Konventionsurteile spielen an dieser Stelle keine Rolle für uns. Jede dieser Kategorien unterteilt sich weiter in notwendig, unmöglich und möglich. Diese Unterkategorien können wiederum in offensichtlich und theoretisch differenziert werden. Es ist empfehlenswert, sich diese Einteilung in Form einer Mindmap zu visualisieren und zu merken.

Nun können wir zum nächsten Abschnitt übergehen und zeigen, wie man die Existenz Gottes und die Wahrhaftigkeit des Gesandten ﷺ beweist.

Die rationale Religion

Es ist bemerkenswert, wie inkonsequent viele Menschen in ihrem Denken sind. Kein vernünftiger Mensch würde jemals akzeptieren, dass diese Zeitschrift, ihre Aufbereitung und der Inhalt zufällig entstanden sind. Das Auge der Vernunft erkennt in der Ordnung einen Hinweis auf ein ordnendes Prinzip. Es erkennt, dass die Ordnung im Design und im Text nur entstehen konnte, weil ein Mensch bestimmte Eigenschaften besaß, um es zu gestalten. Ein zufälliges Entstehen wäre für jeden Menschen völlig absurd. Doch genau dieses Auge der Vernunft verschließen viele Menschen plötzlich, wenn es um das Entstehen des Universums geht. Keiner wäre so irrsinnig und würde jemals behaupten, dass die Komplexität dieser Zeitschrift die des Universums übertrifft. Und doch wagen es mittlerweile viele Menschen zu behaupten, dass das unvorstellbar riesige Universum mit seiner Komplexität aus sich selbst entstanden ist und sie bestehen gleichzeitig darauf, dass diese simple Zeitschrift nicht aus sich selbst entstehen kann.

Die Beweislast, ob es einen Schöpfer gibt oder nicht, liegt eigentlich nicht bei denen, die es bejahen, sondern bei denen, die es verneinen. Denn es ist inkonsequent zu glauben, dass diese einfache Zeitschrift nicht von selbst entstehen konnte, aber gleichzeitig zu behaupten, dass das Universum, die Planeten, ihre Konstellationen, die fast grenzenlose Vielfalt in der Natur, die Tiere, der Mensch usw. von selbst entstanden seien. Folgende Erzählung verdeutlicht das auf eine schöne Art und Weise:

Ein Beduine wurde nach seinem Beweis für die Gottesexistenz gefragt. Daraufhin gab er eine einfache, aber poetisch schöne Antwort:

Der Kamelkot deutet klar auf das Tier,
Spuren zeigen, es war ein Wanderer hier.
Der Himmel strahlt mit Sternenschar,
Die Erde mit ihren Tälern und
die Meere toben mit Wellen da,
Deuten sie nicht, so wunderbar,
Auf den Gütigen, Allwissenden, fürwahr!?

Diese intuitive Art der Argumentation ist für die meisten Menschen einleuchtend und ausreichend. Es ist daher nicht verwunderlich, dass der Koran immer wieder auf die Schöpfung verweist, damit der Mensch dadurch die Existenz des Schöpfers erkennt. Im Koran heißt es beispielsweise:

Sag: Schaut, was in den Himmeln und auf der Erde ist! Aber die Zeichen und die Warnungen werden den Leuten, die nicht glauben, nicht nützen.[1]

Lob gehört Allah, Der die Himmel und die Erde erschaffen und die Finsternisse und das Licht gemacht hat; dennoch setzen diejenigen, die ungläubig sind, ihrem Herrn andere gleich.[2]

1 Koran (10:101)

2 Koran (6:1)

So soll der Mensch doch hinsehen, woraus er erschaffen ist. Er ist aus sich ergießendem Wasser erschaffen, das zwischen der Lende und der Brust hervorkommt.[1]

Oder sind sie etwa aus dem Nichts erschaffen worden, oder sind sie selbst die Schöpfer? Oder haben sie die Himmel und die Erde erschaffen? Nein! Vielmehr sind sie nicht überzeugt.[2]

Der Koran appelliert also an die Vernunft des Menschen, um etwas Offensichtliches zu erkennen, nämlich die Tatsache, dass die Welt eine Ursache haben muss und das diese Ursache ein Schöpfer mit bestimmten Eigenschaften ist. Es gibt eine explizite Aufforderung im Koran, dieser Erkenntnis auf den Grund zu gehen: ﴾Wisse also, dass es keinen Gott außer Allah gibt.﴿[3]

Dieses Wissen kann man auf eine einfache Art und Weise erlangen, so wie es oben dargestellt wurde. Es bedarf also keiner philosophisch-theologischen Terminologie. Doch da die Gelehrten einen wissenschaftlichen Anspruch hatten und der Koran die Grundlage dafür gegeben hat, ist es möglich, stichhaltig zu beweisen, dass die Existenz des Schöpfers rational notwendig ist. Mit stichhaltig ist gemeint, dass die Argumentation auf rationale Gesetzmäßigkeiten zurückgeführt werden kann, die unumstößlich sind. Hierzu gehört, beispielsweise: Jede Wirkung hat eine Ursache. Um eine Beweisführung nachvollziehbar zu machen, bedarf es einer wissenschaftlichen Terminologie. Hierfür greifen wir auf die Begriffe des ersten Abschnitts zurück und fügen weitere hinzu.

1 Koran (56:5-7).

2 Koran (52:35-36).

3 Koran (47:19).

Beweis für die Existenz eines Schöpfers

In Bezug auf den Schöpfer ist es rational notwendig, Ihm die Eigenschaft der Existenz *(wujūd)* zuzusprechen. Da es aber nicht offensichtlich ist, spricht man hier von einem theoretischen, rational notwendigen Urteil. Man muss also durch eine Beweisführung zu dieser Erkenntnis gelangen.

Die Beweisführung erfolgt durch die Betrachtung des Universums und alles, was sich darin befindet. Hierbei stellt man fest, dass alles, was im Universum existiert, entweder (1.) Raum einnimmt oder (2.) in einer Sache existiert, die Raum einnimmt. Das Erste bezeichnet man als Körper *(jism)* und das Zweite als Akzidenz *(ʿarad)*. Demnach nimmt jeder Körper entsprechend seiner Größe Raum ein und hat bestimmte Akzidenzen.

Wenn man nun das Universum betrachtet, stellt man fest, dass alles in diesem Universum entweder ein Körper ist und Raum einnimmt oder eine Akzidenz eines Körpers ist. Selbst wenn man nicht das gesamte Universum untersucht, würde dennoch das, was nicht beobachtet wurde, zu den Körpern oder Akzidenzen untergeordnet werden können.

Jeder Körper hat also eine bestimmte Größe, die auch anders sein könnte, und er hat bestimmte Akzidenzen, die ebenfalls anders sein könnten. Mit anderen Worten, alle Körper und Akzidenzen sind rational möglich. Um es zu verdeutlichen: Stellt man sich eine rote Rose in einem Garten vor, dann wäre die Rose selbst ein Körper. Ihre rote Farbe und ihr Geruch sind Akzidenzen. Die Rose hätte eine andere Farbe oder einen anderen Geruch haben können. Sie hätte aber auch gar nicht existieren können. Denn die Definition von rational möglich besagt: Alles, dessen Existenz und Nicht-Existenz dem Verstande nach zulässig ist. Im Falle der Rose sowie aller anderen Körper und Akzidenzen trifft das zu. Man beachte, dass Existenz und Nicht-Existenz sich sowohl auf den Körper selbst als auch seine Akzidenzen beziehen. Demnach ist das aus Körpern und Akzidenzen bestehende Universum in seiner Gesamtheit rational möglich.

Wie kann aber eine rational mögliche Sache, also das Universum, in die Existenz treten, wenn ihre Existenz und Nicht-Existenz gleichermaßen zulässig sind? Dass das Universum existiert, ist erst einmal empirisch notwendig und offensichtlich. Empirisch notwendig, weil wir ein Teil des Universums sind und es beobachten. Offensichtlich, weil wir für seine Existenz keinen Beweis brauchen. Würde jemand die Frage stellen: Woher weiß ich, dass das Universum existiert? Was ist der Beweis? Dann wäre die Antwort: Deine Existenz und alles um dich herum sind Teil des Universums, wie soll man etwas beweisen, dass so offensichtlich ist? Es ist so, als würde man versuchen zu Beweisen, dass bei einem strahlend blauen, wolkenlosen Himmel die Sonne scheint.

Zurück zur Frage: Wie kann das rational mögliche Universum, in die Existenz treten? Diese Frage und die Antwort sollen anhand eines Gleichnisses verdeutlicht werden.

Man stelle sich eine unversehrte Waage mit zwei Waagschalen vor. Die Waage befindet sich in einem verschlossenen, luftdichten Glasbehälter, sodass sie weder berührt noch von einem Luftstoß beeinflusst werden könnte. Keine der beiden Waagschalen überwiegt die andere. Die Waagschalen sind in einer perfekten Balance. Egal wie lange man warten würde, keine der Waagschalen würde jemals die andere überwiegen. Der Grund dafür ist auf ein Denkgesetz zurückzuführen: Es gibt keine Wirkung ohne Ursache. Mit anderen Worten, eine Wirkung ohne Ursache ist rational unmöglich.

Die Existenz und Nicht-Existenz des Universums verhält sich genauso wie die Waage. Es ist an sich rational möglich, d. h. das Universum hätte existieren *(Waagschale A)* aber auch nicht existieren können *(Waagschale B)*. Demnach muss es also eine

Ursache geben, die die Existenz des Universums *(Waagschale A)* zum Überwiegen bringt. Die Ursache kann gemäß dem erwähnten Denkgesetz nicht in der Waage selbst vorhanden sein. Sie kann auch nicht rational möglich sein, denn sonst bräuchte man wieder für diese Ursache eine weitere Ursache. Das würde aber entweder zu einer unendlichen Kette *(infiniten Regress)* oder einem Zirkelschluss führen. Beide sind rational unmöglich. Warum das so ist, verdeutlich folgendes Beispiel.

An einer Baustelle soll ein Gebäude errichtet werden. Der Boden wurde bereits geebnet, und als Nächstes müssen die Ziegelsteine aufeinandergestapelt werden. Jeder Bauarbeiter hat einen Ziegelstein in der Hand, jedoch legt keiner von ihnen den ersten Ziegel. Bauarbeiter A sagt: „Ich lege meinen Ziegel nach Bauarbeiter B." Bauarbeiter B sagt: „Ich lege meinen Ziegel nach Bauarbeiter C." Bauarbeiter C sagt: „Ich lege meinen Ziegel nach Bauarbeiter D."

Wenn man nun eine unendliche Anzahl an Bauarbeitern hätte, die dasselbe sagen, würde das Gebäude niemals entstehen. Denn für das Entstehen des Gebäudes müsste die unendliche Kette *(infiniten Regress)* unterbrochen werden, indem ein beliebiger Bauarbeiter X den ersten Ziegelstein legt.

Ein Zirkelschluss verläuft ähnlich, unterscheidet sich aber darin, dass es eine begrenzte Anzahl von Bauarbeitern gibt. Bauarbeiter A und B treffen dieselbe Aussage wie oben und Bauarbeiter C sagt: „Ich lege meinen Ziegel nach Bauarbeiter A." In diesem Szenario wird das Gebäude ebenfalls niemals entstehen, weil der erste Stein aufgrund des Zirkelschlusses niemals gelegt werden wird. Dieses Beispiel verdeutlicht warum eine unendliche Kette oder Zirkelschluss rational unmöglich sind.

Kommen wir zurück zum Gleichnis der Waage. Damit das rational mögliche Universum entsteht (durch Überwiegen der Waagschale A), muss seine Ursache also anders sein als es selber.

Die Ursache kann offensichtlich nicht rational unmöglich sein, denn etwas rational Unmögliches existiert per Definition nicht und kann daher nichts anderes hervorbringen. Die Ursache kann auch nicht rational möglich sein, wie oben demonstriert. Demnach kann die Ursache nur rational notwendig sein. Wenn dem nicht so wäre, könnte man nicht erklären, warum das Universum rational möglich, aber empirisch notwendig ist. Daraus folgt, dass die Ursache des Universums eine rational notwendige Existenz ist *(wājib al-wujūd)*, die das Universum erschaffen hat. Diese rational notwendige Ursache kann als Gott, Schöpfer oder Allah bezeichnet werden.

Die obige Beweisführung zeigt, dass es einen Schöpfer geben muss. Als nächstes müssen weitere Eigenschaften bewiesen werden, um zu zeigen, dass Er dazu in der Lage ist, das Universum zu erschaffen. Da es den Rahmen dieser Ausgabe sprengen würde, über alle Eigenschaften zu sprechen, werden nur einige erwähnt. Das Ziel dieses Abschnitts besteht darin zu zeigen, dass der Islam eine rationale Theologie ist und hierfür sollen einige Fragestellungen als Beispiel dienen. Für eine ausführliche Darlegung der Glaubensgrundlagen ist es sehr empfehlenswert, einen Kurs zu besuchen und die Inhalte sowie ungeklärte Fragen zu besprechen.

Anfangs- und Endlosigkeit des Schöpfers.

Im vorherigen Teil haben wir festgestellt, dass das Universum eine Ursache braucht, die rational notwendig existiert. Nun wird erläutert, welche logischen Implikationen sich in Bezug auf diese rational notwendige Existenz ergeben.

Es wurde demonstriert, dass der Schöpfer des Universums nicht rational möglich sein kann. Der Grund dafür ist, dass Er sonst eine Ursache bräuchte und dadurch selber entstanden wäre *(hādith)*.

Entstehen *(hudūth)* bedeutet, dass eine Sache nicht existierte und dann zu existieren begann. Das trifft auf alle Körper sowie alle Akzidenzen zu. Um das zu verdeutlichen, kann man das Beispiel der roten Rose heranziehen. Die Existenz der Rose ist rational möglich, und alles, was rational möglich ist, hat einen Anfang. Mit anderen Worten, die rote Rose war nicht-existent und begann zu existieren, d. h. sie ist entstanden *(hādith)*. Genauso verhält es sich mit all ihren Akzidenzen, wie ihrer Farbe, ihrem Geruch, Stillstand, Bewegung und so weiter. Dasselbe trifft auf das gesamte Universum zu, da es aus Körpern und Akzidenzen besteht. Demnach ist das Universum rational möglich und entstanden.

Es ist wichtig, sich den Unterschied zwischen diesen beiden Konzepten klar vor Augen zu führen. Alles, was entsteht, ist rational möglich. Aber nicht alles, was rational möglich ist, entsteht. Beispielsweise ind Drachen rational möglich, aber sie existieren nicht. Eine Sache kann also rational möglich sein, muss aber nicht entstanden sein. Wenn jedoch eine Sache entsteht, dann ist sie notwendigerweise rational möglich.

In Bezug auf den Schöpfer kann das Entstehen nicht zutreffen. Entstehen bedeutet nämlich das Existieren nach der Nichtexistenz. Wenn Er entstanden wäre, bräuchte Er eine Ursache und wäre rational möglich. Es wurde aber bereits gezeigt, dass Seine Existenz rational notwendig sein muss. Mit anderen Worten, Er kann nicht gleichzeitig rational notwendig und rational möglich sein.

Wenn wir annehmen, Er sei rational notwendig aber entstanden, wäre es so, als würde man sagen: Er ist rational notwendig und nicht rational notwendig. Das ist ein offensichtlicher Widerspruch. Demzufolge ist die Anfangslosigkeit *(qidam)* eine logische Implikation des Rational-Notwendig-Seins.

Eine weitere logische Implikation ist, dass der Schöpfer nicht aufhören kann zu existieren. Um das anhand der Rose kurz zu verdeutlichen: Genauso wie die Rose zu existieren begann, wird sie irgendwann verwelken und aufhören zu existieren. Auch die Zustandsveränderung von existent zu nicht-existent bezeichnet man als Entstehen, da es etwas ist, das vorher nicht war und nun eintrifft. Das Verwelken und das Eintreffen der Nicht-Existenz der Rose ist also auch ein Entstehen und somit rational möglich.

In Bezug auf den Schöpfer kann das aber nicht zutreffen. Denn Nicht-Existieren nach dem Existieren ist eine Zustandsveränderung, die man als Entstehen bezeichnet. Da jedes Entstehen rational möglich ist, kann dies nicht auf den rational notwendigen Schöpfer zutreffen. Man würde wieder bei dem vorigen offensichtlichen Widerspruch landen: Der Schöpfer wäre rational notwendig und rational möglich. Demzufolge ist die Endlosigkeit *(baqāʾ)* die zweite logische Implikation des Rational-Notwendig-Seins.

Zusammenfassend kann gesagt werden, dass die Anfangslosigkeit und Endlosigkeit in Bezug auf den Schöpfer rational notwendig sind.

Nach dieser Ausführung wird auch folgendes Denkgesetz verständlich: Was anfangslos ist, endet nicht. Wenn etwas rational notwendig existiert, dann ist es nicht entstanden. Entstehen bedeutet Zustandsveränderung. Genauso wie die Veränderung von Nichtexistenz zu Existenz eine Zustandsveränderung ist, ist auch die Veränderung von Existenz zu Nichtexistenz eine Zustandsveränderung. Jede Zustandsveränderung oder Entstehen ist rational möglich. Wenn etwas anfangslos ist, dann ist es rational notwendig, und was rational notwendig ist, kann nicht aufhören zu existieren, weil es eine Zustandsveränderung wäre. Darum kann das, was anfangslos ist, nicht enden. Der Koran weist auf diese Eigenschaften folgendermaßen hin:

Er ist der Erste und der Letzte, der Sichtbare und der Verborgene.
Und Er weiß über alle Dinge Bescheid.[1]

Mit der Erste ist gemeint, dass nichts vor Ihm existiert und Er Anfangslos ist. Mit der Letzte ist gemeint, dass Er endlos ist.

Wesensverschiedenheit des Schöpfers

Eine weitere logische Implikation der Tatsache, dass der Schöpfer notwendig existiert, ist die Wesensverschiedenheit. Der Schöpfer unterscheidet sich in Seinem Wesen und Seinen Eigenschaften vollständig von allem Erschaffenen. Er ist nämlich notwendig existierend *(wājib al-wujūd)*, während alles Erschaffene entstanden ist *(ḥādith)*. Anders ausgedrückt, die erschaffene Welt braucht notwendigerweise eine Ursache, die sie in die Existenz bringt. Wenn der Schöpfer Seinem Wesen nach dem Universum ähneln würde, wäre auch Er entstanden. Es wurde aber bereits festgestellt, dass Er notwendig existiert und nicht entstanden sein kann. Wenn man also sagen würde, dass Er der Welt in irgendeiner Weise ähnelt, wäre es, als würde man sagen: Der Schöpfer ist entstanden und zugleich nicht entstanden. Das ist ein offensichtlicher Widerspruch. Der Schöpfer kann also der Schöpfung notwendigerweise nicht ähneln.

Daraus ergibt sich unter anderem, dass der Schöpfer keinen Körper und keine Akzidenzen hat, denn alle Körper haben eine Größe, Richtung, existieren in der Zeit, bewegen sich, sind im Stillstand, und so weiter. All diese Eigenschaften hängen notwendigerweise mit Körpern und Akzidenzen zusammen. Denn ein Körper hat zwangsläufig eine Größe und ist entweder in Bewegung oder im Stillstand *(Akzidenzen)*. Würde der Schöpfer also mit einem dieser Merkmale *(z. B. Größe, Bewegung usw.)* beschrieben werden, wäre Er entstanden.

---

1 Koran (57:3).

Mit dieser Grundlage müssen der Koran und die Hadithe gelesen werden, in denen es zum Beispiel wortwörtlich übersetzt heißt:

Dein Herr kommt und die Engel kommen, Reihe um Reihe.[1]

Wir sind ihm doch näher als seine Halsschlagader.[2]

Allahs Hand ist über ihren Händen.[3]

Diese und ähnliche Koranverse müssen im Zusammenhang des folgenden Grundprinzips verstanden werden, den der Koran selber aufstellt:

Nichts ist Ihm gleich; und Er ist der Allhörende und Allsehende.[4]

Die oben besprochene Eigenschaft der Wesensverschiedenheit des Schöpfers ergibt sich aus den rationalen Urteilen und wird durch diesen Koranvers untermauert.

Bevor wir uns mit weiteren Eigenschaften beschäftigen, soll hier ein kurzer Hinweis gegeben werden. Bei der Untersuchung der Eigenschaften des Schöpfers lassen diese sich in zwei Kategorien einteilen: negierende Eigenschaften *(sifāt salbiyya)* und affirmative Eigenschaften *(sifāt thubūtiyya)*. Negierende Eigenschaften sprechen dem Schöpfer Eigenschaften ab, die im Widerspruch zu Seiner notwendigen Existenz stehen. Die Endlosigkeit beispielsweise negiert, dass Er aufhört zu existieren. Denn wenn Er rational notwendig existiert, ist es rational unmöglich, dass Er aufhört zu existieren. Hier ist ein Überblick zu den negierenden Eigenschaften und dem, was sie negieren:

1 Koran (89:22)

2 Koran (50:16)

3 Koran (2:186).

4 Koran (42:11).

Die Anfangslosigkeit *(qidam)* negiert das Entstandensein.
Die Endlosigkeit *(baqā')* negiert das Enden.
Die Einheit *(wahdāniyya)* negiert die Vielzahl.
Die Wesensverschiedenheit *(mukhālafa lil-hawādith)* negiert die Ähnlichkeit zu den Geschöpfen.
Durch sich selbst existieren *(qā'im bi-nafsihi)* negiert die Bedürftigkeit.

Affirmative Eigenschaften hingegen bedeuten, dass man dem Schöpfer bestimmte Eigenschaften zuspricht. Diese sind: Leben, Wissen, Willen, Macht, Sehen, Sprechen und Hören. Alle weiteren Namen bzw. Eigenschaften, die im Koran erwähnt werden, lassen sich auf eine der genannten Eigenschaften zurückführen. Beispielsweise lässt sich die Eigenschaft des Erschaffens *(khalq)* auf Seine Macht und die Eigenschaft der Barmherzigkeit *(raḥma)* auf Seinen Willen zurückführen. Schauen wir uns ein Beispiel für die affirmativen Eigenschaften an.

Macht und Wille

Die Macht *(qudra)* ist eine Eigenschaft, die die rational möglichen Dinge in Übereinstimmung mit dem Willen des Schöpfers in die Existenz bringt oder in die Nicht-Existenz versetzt.

Der Wille ist eine Eigenschaft, die bestimmt, welche Seite einer rational möglichen Sache eintrifft. Mit Seite ist hier das Existieren oder Nicht-Existieren gemeint. Anders ausgedrückt: Wenn eine Sache existieren oder nicht existieren kann, wie zum Beispiel die Rose im Garten, dann ist es einzig und allein der Wille des Schöpfers, ob diese in die Existenz tritt oder in der Nicht-Existenz verbleibt. Die Verbindung zwischen Willen und Allmacht ist offensichtlich, denn man kann keine Handlung ohne Willen ausführen.

Warum sind diese beiden Eigenschaften aber nur mit den rational möglichen Dingen verbunden und nicht dem Notwendigen und Unmöglichen? Ist das nicht eine Einschränkung der Allmacht und des Willen?

Die Allmacht und der Wille sind wirkende Eigenschaften. Das bedeutet, dass sie eine Wirkung auf die Dinge ausüben, indem sie diese in die Existenz oder Nicht-Existenz versetzen. Sie sind nicht mit den notwendigen Dingen verbunden, weil diese bereits notwendigerweise existieren. Wenn nun etwas notwendigerweise existiert, dann ist es anfangs- und endlos, d. h. es kann nicht erschaffen werden und auch nicht aufhören zu existieren. Daher ist das, was notwendig existiert, per Definition nicht empfänglich für Wirkung und kann nicht verursacht werden, weil es bereits existiert. Es ist also sinnlos zu fragen: Wer hat Gott erschaffen? Da Er rational notwendig existiert, kann Er nicht erschaffen werden. Es ist, als würde man fragen: Wer hat das notwendig existierende Unerschaffene erschaffen? Die Frage beinhaltet einen Widerspruch und ist dadurch absurd und sinnlos.

Die rational unmöglichen Dinge sind ebenfalls nicht empfänglich dafür, verursacht zu werden bzw. dafür, in die Existenz zu treten. Um dies anhand eines Beispiels zu verdeutlichen: Es ist unmöglich, dass eine gerade Straßenkurve erschaffen wird. Denn Kurve bedeutet ungerade, d. h. es wäre, als würde man sagen: Das Erschaffen einer geraden, nicht-geraden Straße. Das ist ein offensichtlicher Widerspruch. Genau dasselbe Prinzip lässt sich auf alle Aussagen anwenden, die eine rationale Unmöglichkeit beinhalten. Einige Aussagen sind in diesem Zusammenhang offensichtlich unmöglich, andere wiederum nicht offensichtlich, d. h. theoretisch. Egal, ob etwas offensichtlich oder nicht offensichtlich unmöglich ist, ändert das nichts an dem Grad der Gewissheit, dass es unmöglich ist. Man kann dies anhand von Matheaufgaben verdeutlichen. Es ist unmöglich, dass eins plus eins drei (1+1=3) ergibt. Genauso ist es unmöglich, dass 394 durch 197 drei (394:197=3) ergibt. Bei der ersten Aufgabe ist es offensichtlich, und man hat Gewissheit, dass das Ergebnis falsch ist. Bei der zweiten Formel bräuchte man womöglich einen Taschenrechner, um zu dem richtigen Ergebnis zu kommen. Sobald man aber das richtige Ergebnis weiß, besteht absolute Gewissheit darin, dass das Ergebnis nicht drei sein kann. Kurz gesagt: Der Weg, um an eine Erkenntnis zu gelangen, ist eine Sache und der Erkenntnisgrad der Gewissheit eine Andere.

Nehmen wir ein weiteres Beispiel in Bezug auf den Schöpfer. Es gibt die bekannte Frage: Kann Gott einen Stein erschaffen, der so schwer ist, dass Er ihn nicht heben kann? Viele werden bei der Antwort zögern. Wenn man es bejaht, spricht man Ihm die Allmacht ab. Wenn man es aber verneint, dann spricht man Ihm auch die Allmacht ab. Die Antwort: Die Frage ist sinnlos. Sie ist sinnlos, weil sie einen Widerspruch beinhaltet, ähnlich wie die vorige Frage: Wer hat Gott erschaffen? Man muss nur den Widerspruch erkennen, der klarer wird, wenn man die Frage umformuliert. Es ist, als würde man fragen: Kann der Allmächtige nicht allmächtig sein? Das ist ein offensichtlicher Widerspruch und darum ist diese Frage absurd und sinnlos.

Das führt uns zur folgenden Erkenntnis: Das Nicht-Wirken der Allmacht in Bezug auf das Notwendige und Unmögliche stellt keinen Mangel der Macht und des Willens dar. Genau das Gegenteil ist der Fall. Das Eintreffen des Unmöglichen würde einen Mangel im Schöpfer nach sich ziehen. Denn dann würde man zu absurden Ergebnisse kommen, wie etwa: *Die Macht kann sich selbst zerstören* oder *der Schöpfer kann weitere Gottheiten erschaffen*. Diese und andere Aussagen, die zu absurden Ergebnissen führen, sind unmöglich und können daher auch nicht erschaffen werden. Darüber hinaus würde die Annahme, dass das rational Unmögliche eintreffen könnte, die gesamte

Grundlage der Existenz, des Denkens und der Wissenschaften zunichte machen.

Die Ausführungen in diesem Abschnitt zeigen, dass die Vorstellung des Schöpfers mit dem Verstand im Einklang sein muss. Das macht den Islam zu einer rationalen Theologie. Das ist das Hauptmerkmal des Islam im Vergleich zu allen anderen religiösen Traditionen. Beispielsweise ist eines der Hauptprobleme im Christentum der Glaube an die Trinität. Dieses Konzept ist mit dem Verstand nicht in Einklang zu bringen und muss daher blind geglaubt werden. Blinden Glauben gibt es im Islam nicht. Die Botschaft des Koran hat den Anspruch, Beweise zu haben, die nachvollziehbar sind. So heißt es im Koran unter anderem:

Sprich: Das ist mein Weg. Ich rufe mit Einsicht zu Gott auf.[1]

Haben sie sich Götter außer Ihm genommen? Sprich: „Bringt euren Beweis herbei."[2]

Sie sagen: „Allah hat Sich Kinder genommen." Erhaben ist Er! Er ist der Unbedürftige. Ihm gehört, was in den Himmeln und was auf der Erde ist. Keinen Beweis habt ihr dafür. Wollt ihr über Allah etwas sagen, was ihr nicht wißt?[3]

Die Wahrhaftigkeit der Gesandten

Als nächstes werden die Verstandsurteile auf die Gesandten angewendet, um zu erkennen, dass es rational notwendig ist, dass die Gesandten wahrhaftig sind.

Die Wahrhaftigkeit der Gesandten erfolgt durch Beweiswunder, die Allah für Seine Gesandten erschafft. Ein

1 Koran (12:108).

2 Koran (21:24).

3 Koran (10:68).

Beweiswunder *(muʿjiza)* wird folgendermaßen definiert: Ein übernatürliches Ereignis, das von jemandem erscheint, der die Gesandtschaft für sich beansprucht und welches von einer Herausforderung begleitet wird, die die Gegner unfähig macht, ihm etwas entgegenzustellen.

Schauen wir uns diese Definition genauer an. Mit übernatürliches Ereignis *(khāriq lil-ʿāda)* ist das empirisch Unmögliche gemeint. Allah deutet durch das Erschaffen eines übernatürlichen Ereignisses auf die Wahrhaftigkeit eines Gesandten hin, der von sich behauptet, von Allah gesandt zu sein. Da der Mensch das empirisch Unmögliche nicht hervorbringen kann, kann dieses übernatürliche Ereignis nur vom Schöpfer erschaffen werden. Das Beweiswunder ist also stellvertretend für die Aussage des Schöpfers: „Mein Diener ist wahrhaftig in dem, was er sagt." Zu den bekannten Beweiswundern gehören die Heilungswunder von Jesus, die Verwandlung des Stabs in eine Schlange bei Moses oder die Mondspaltung beim Gesandten ﷺ. Ein weiterer Aspekt ist, dass dieses übernatürliche Ereignis von einer Herausforderung begleitet wird, die die Gegner unfähig macht, ihm etwas entgegenzustellen. Wenn die Menschen in der Lage wären, dem Beweiswunder etwas entgegenzusetzen, dann wäre damit die Behauptung entkräftet.

Nach dieser theoretischen Ausführung soll ein Gleichnis, das von Imam Ghazālī und anderen Gelehrten verwendet wurde, die Definition greifbarer machen.

> Angenommen, eine Person verkündet den Soldaten eines Königs in Gegenwart des Königs, dass er sein Bote ist und dass der König von den Soldaten verlangt, dem Boten bei der Verteilung von Proviant und Land zu gehorchen. Sie bitten ihn um einen Beweis, während der König schweigt.
>
> Der Bote sagt: „O König, wenn ich in dem, was ich behauptet habe, die Wahrheit sprach, dann erhebe und setze dich

dreimal hintereinander von deinem Thron, was deiner Gewohnheit widerspricht."

Nachdem die Person seine Bitte gestellt hat, erhebt und setzt sich der König dreimal hintereinander. Die anwesenden Menschen würden notwendigerweise zur Erkenntnis gelangen, dass er tatsächlich ein Bote des Königs ist, bevor ihnen in den Sinn kommt, zu fragen, ob dieser König es gewohnt ist, andere irrezuführen, oder ob dies für ihn unmöglich sei.

In der Tat, wenn der König sagt: „Du hast die Wahrheit gesagt. Ich habe dich zu einem Boten und Repräsentanten gemacht." würde man erkennen, dass er ein Bote und ein Repräsentant ist. Genau dasselbe wäre der Fall, wenn der König eine Handlung ausführt, die seiner Gewohnheit widerspricht, da es genauso ist, wie als würde er sagen: „Du bist mein Bote."

Der König in diesem Gleichnis repräsentiert den Schöpfer, seine Handlungen stehen für die Naturgesetze und der Bote steht für einen Gottesgesandten. Die Gewohnheit des Königs ist das, was man als natürliche Ordnung oder *sunnatu Allah* bezeichnet, und die ungewöhnliche Handlung steht für das Beweiswunder.

Der Bericht über den Gesandten Moses gibt Hinweise auf wichtige Prinzipien, die uns weitere Aspekte für ein besseres Verständnis der Beweiswunder offenbaren. Als Moses auf den brennenden Busch traf und Allah zu ihm sprach, hat Er ihn die Beweiswunder gezeigt, die er später vor seinem Volk vollbringen würde.

> *Und was ist das da in deiner Rechten, o Moses? Er sagte: „Es ist mein Stock, auf den ich mich stütze und mit dem ich für meine Schafe Blätter abschlage; und ich gebrauche ihn auch noch zu anderen Zwecken."*

Er sagte: „Wirf ihn hin, o Moses!“

Er warf ihn hin, und sogleich war er eine Schlange, die sich rasch bewegte. Er sagte: „Nimm sie, und fürchte dich nicht. Wir werden sie in ihren früheren Zustand zurückbringen.“

„Und lege deine Hand dicht an deine Seite, unter dem Oberarm, so kommt sie weiß heraus, jedoch nicht von Übel befallen. Dies als weiteres Zeichen. Auf das Wir dich etwas von unseren größten Zeichen sehen lassen. Geh zu Pharao, er zeigt ein Übermaß an Frevel.“[1]

Daraufhin begab sich Moses auf Befehl von Allah zu Pharao.

Dann entsandten Wir nach ihnen Mose mit unseren Zeichen zu Pharao und seinen Vornehmen. Sie handelten an ihnen ungerecht. So schau, wie das Ende der Unheilstifter war.

Und Moses sagte: „O Pharao, ich bin ein Gesandter vom Herrn der Welten, bestrebt, über Allah nur die Wahrheit zu sagen. Ich bin doch mit einem klaren Beweis von eurem Herrn zu euch gekommen. So lasse die Kinder Israels mit mir gehen!“

Er sagte: „Wenn du mit einem Zeichen gekommen bist, dann bringe es her, wenn du zu den Wahrhaftigen gehörst.“

Er warf seinen Stock hin, und sogleich war er eine deutliche Schlange. Und er zog seine Hand heraus, da war sie weiß für die Betrachter.[2]

Es ist wichtig die folgende Reaktion von Pharao und seinem Schar hervorzuheben, weil sie uns etwas Wichtiges über Beweiswunder aufzeigt:

Die führende Schar aus dem Volk Pharaos sagte: „Dieser ist fürwahr ein kenntnisreicher Zauberer, der euch aus eurem Land vertreiben will. Was befehlt ihr nun? Sie sagten: „Stelle

---

1 Koran (20:17-24).

2 Koran (7:103-108).

ihn und seinen Bruder zurück, und sende in die Städte Boten, die die Leute versammeln, damit sie dir jeden kenntnisreichen Zauberer herbeibringen."[1]

Die Ägypter waren bekannt für die ihre Kenntnisse der Zauberei, daher gingen Pharao und seine führende Schar davon aus, dass Moses eine besondere Form von Zauberei anwendete.[2] Sie waren jedoch nicht in der Lage nachzuweisen, dass es sich tatsächlich um Zauberei handelte. Deshalb riefen sie Experten aus verschiedenen Teilen des Landes zusammen, um Moses als einen von vielen Zauberern zu entlarven. Als die bewanderten Zauberer eintrafen, geschah folgendes:

Und die Zauberer kamen zu Pharao. Sie sagten: „Wir bekommen doch sicher Lohn, wenn wir es sind, die siegen?" Er sagte: „Ja. Und ihr werdet fürwahr zu den Nahegestellten gehören."[3]

Als sie dann in Pharaos Präsenz vor Moses standen, geschah folgendes:

Sie sagten: „O Moses, entweder wirfst du oder wir sind es, die zuerst werfen."

Er sagte: „Werft ihr zuerst!" Als sie nun warfen, bezauberten sie die Augen der Menschen und flößten ihnen Furcht ein, und sie brachten einen gewaltigen Zauber vor. Und Wir gaben Musa ein: „Wirf deinen Stock hin!" Da verschlang er sogleich, was sie vortäuschten. So bestätigte sich die Wahrheit,

---

1 Koran (7:109-111).

2 Mit Zauber ist hier nicht Taschenspielerei oder darstellende Kunst gemeint, wie wir es heutzutage aus der Unterhaltungsindustrie kennen. Vielmehr ist Zauberei im wahrsten Sinne des Wortes gemeint und beschreibt Praktiken und Methoden, um auf Ereignisse, Menschen und Gegenstände eine geheimnisvolle Art Einfluss zu üben. Zauberei fällt also nicht unter die Kategorie übernatürlich, weil sie Teil der Gesetzmäßigkeiten sind, die erlernt und reproduziert werden können.

3 Koran (7:113).

und zunichte wurde das, was sie taten. Sie wurden dort besiegt und kehrten gering geachtet zurück. Und die Zauberer warfen sich ehrerbietig nieder.

Sie sagten: „Wir glauben an den Herrn der Weltenbewohner, den Herrn von Moses und Hārūn." Pharao sagte: „Ihr glaubt an Ihn, bevor ich es euch erlaube? Das sind wahrlich Ränke, die ihr in der Stadt geschmiedet habt, um ihre Bewohner daraus zu vertreiben. Aber ihr werdet es noch erfahren. Ich werde ganz gewiß eure Hände und eure Füße wechselseitig abhacken und euch hierauf ganz gewiß allesamt kreuzigen lassen." Sie sagten: „Wir werden gewiß zu unserem Herrn zurückkehren! Du grollst uns ja nur darum, daß wir an die Zeichen unseres Herrn glaubten, als sie zu uns kamen. Unser Herr, überschütte uns mit Standhaftigkeit und berufe uns ab als Dir Ergebene!"[1] *(7:115-126)*

Die Zauberer aus verschiedenen Teilen des Landes, die sich sicherlich nicht kannten, haben unabhängig voneinander sofort erkannt, dass das, was Moses vollbracht hatte, keine Zauberei war. Da sie Experten in diesem Bereich waren, erkannten sie sofort, dass er etwas Übernatürliches vollbracht hatte und somit wahrhaftig in seiner Behauptung, ein Gesandter von Gott zu sein. Darum warfen sie sich sofort nieder und akzeptierten die Botschaft von Moses, obwohl Pharao ihnen die schlimmste Strafe angedroht hatte.

An diesem Bericht erkennen wir folgendes Prinzip: Die Beweiswunder können in erster Linie nur von Experten beurteilt werden. Die Allgemeinheit der Menschen wird es natürlich in Staunen versetzen, und sie werden es als wundersam bezeichnen, aber ob es sich tatsächlich um ein Beweiswunder handelt, das heißt eine übernatürliche Handlung, können nur Experten feststellen. Im Koran wird das anhand der Reaktion der Zauberer

1 Koran (7:115-126).

verdeutlicht, die den Unterschied sofort erkannten. Das Ergebnis war eine absolute Gewissheit über die Wahrhaftigkeit von Moses und seiner Botschaft. Daher waren sie auf der Stelle kompromisslos in ihrer Hingabe, obwohl sie kurz zuvor mit der Absicht angetreten waren, von Pharao belohnt und mit einer besonderen Stellung ausgezeichnet zu werden. Nachdem sie jedoch durch die Beweiswunder die Gewissheit erlangt hatten, waren sie bereit, trotz der angedrohten Tortur, standhaft zu bleiben. Pharao hingegen blieb weiterhin stur, obwohl die von ihm angeheuerten Zauberer Moses bestätigten. Seine Sturheit ging so weit, dass er selbst nach weiteren Beweiswundern immer noch nicht die Botschaft von Moses akzeptieren wollte. So heißt es im Koran:

Hierauf sandten Wir Moses und seinen Bruder Hārūn mit Unseren Zeichen und einem deutlichen Beweis Pharao und seiner führenden Schar. Sie aber verhielten sich hochmütig und waren überhebliche Leute.[1]

Und zu Pharaos Leuten kamen ja die Warnungen. Sie erklärten alle Unsere Zeichen für Lüge, und da ergriffen Wir sie mit dem Griff eines Unüberwindlichen und Allmächtigen.[2]

Und Wir sandten bereits Moses mit Unseren Zeichen zu Pharao und seiner führenden Schar. Er sagte: „Ich bin der Gesandte des Herrn der Weltenbewohner." Als er nun zu ihnen mit Unseren Zeichen kam, lachten sie sogleich über sie. Und Wir zeigten ihnen kein Zeichen, das nicht größer gewesen wäre als das vorhergehende. Und Wir ergriffen sie mit der Strafe, auf daß sie umkehren mochten.[3]

---

1 Koran (23:45-46). Siehe auch: Koran (10:75).

2 Koran (54:41-42).

3 Koran (43:46-48).

Pharao kann also als ein Sinnbild für Sturheit und Arroganz verstanden werden.

Bevor wir die obigen Erkenntnisse auf den Koran übertragen, ist es wichtig, den Unterschied zwischen dem Koran als Beweiswunder und den Beweiswundern der anderen Gesandten hervorzuheben. Den vorigen Gesandten wurden Beweiswunder gegeben, die von sinnlicher Natur waren, wie die Verwandlung des Stabs in eine Schlange oder die Wunderheilung von Jesus. Damit waren sie an Zeit und Ort gebunden. Dem Gesandtem ﷺ wurden ebenfalls diese Form von Beweiswundern gegeben, wie die Mondspaltung. Diese waren ebenfalls zeitlich und örtlich gebunden. Der Koran hingegen ist ein Beweiswunder auf einer anderen Ebene, da seine unnachahmliche Form und Bedeutung weiterhin besteht und nachvollzogen werden kann. Das setzt natürlich voraus, dass man die arabische Sprache gemeistert hat, um die Unnachahmlichkeit zu erkennen.

Die Behauptung, die hier in wenigen Sätzen aufgestellt wird, ist kein blindes Dogma innerhalb der islamischen Theologie. Muslimische Gelehrte haben sich über Jahrhunderte hinweg mit diesem Thema befasst und die Theorie der Unnachahmlichkeit des Koran (*iʿjāz*) durch verschiedene Ansätze untermauert.[1] Die Annahme dieser Theorie kann folgendermaßen zusammengefasst werden:

Die Araber zur Zeit der Offenbarung des Korans waren Meister ihrer Sprache und ein Dichtervolk. Der Gesandte ﷺ hingegen war Analphabet oder zumindest nicht für das Hervorbringen von Poesie bekannt. Als er ﷺ den Koran verkündete, hatte er eine enorme ästhetische Wirkung auf die Mekkaner.[2] Der Koran forderte sie einerseits heraus und

1 Für einen Überblick zu diesem Thema, siehe: Navid Kermani, *Gott ist schön*, 233-315.

2 Navid Kermani fasst die *iʿjāz*-Theorie folgendermaßen zusammen: „Erstens waren die alten Araber Meister der Sprachbehandlung und das

prognostizierte gleichzeitig, dass sie nicht dazu in der Lage sein werden, ihm etwas entgegenzustellen. So heißt es unter anderem bezüglich der Herausforderung:

> *Und wenn ihr im Zweifel über das seid, was Wir Unserem Diener offenbart haben, dann bringt doch eine Sura gleicher Art bei und ruft eure Zeugen außer Allah an, wenn ihr wahrhaftig seid!*[1]

Bezüglich der Prognose, dass sie nichts entgegenstellen können, heißt es:

> *Sag: Wenn sich die Menschen und die Jinn zusammentäten, um etwas beizubringen, was diesem Koran gleich wäre, sie brächten nicht seinesgleichen bei, auch wenn sie einander Beistand leisten würden.*[2]

Muslimische Gelehrte machen darauf aufmerksam, dass die Mekkaner, die dem Koran nichts entgegenstellen konnten, vom Kampf mit Worten zum Kampf mit Schwertern übergegangen sind. Die Tatsache, dass sie dem Gesandten ﷺ eine Kampfansage gemacht haben, ihn bekämpften und dem Koran nichts ebenbürtiges hervorbringen konnten, ist ein historischer Beweis für die Wahrhaftigkeit des Gesandten ﷺ. Denn es wäre wesentlich einfacher, für die Mekkaner zu zeigen,

---

Dichtervolk schlechthin. Zweitens war Mohammed ein Analphabet oder jedenfalls in literarischen Dingen nicht bewandert; den umfangreichen Regelkanon der Poesie hat er niemals erlernt. Drittens hat der Koran auf die Mekkaner und auf alle nachfolgenden Generationen eine ungeheuerliche ästhetische Wirkung ausgeübt. Viertens ist es weder den Gegnern Mohammeds, obwohl unter ihnen die besten und ehrgeizigsten Dichter und Redner aller Zeiten waren, noch irgendeinem Ungläubigen späterer Zeit gelungen, die im Koran formulierte Herausforderung anzunehmen und etwas stilistisch Gleichwertiges vorzubringen." Kermani, 294.

1 Koran (2:23).

2 Koran (17:88).

dass der Koran keine Offenbarung ist als einen Krieg mit der neuen Gemeinschaft der Muslime zu führen.

Man darf hierbei nicht vergessen, dass die Herausforderung des Korans zwar in erster Linie an die Mekkaner zur Zeit der Offenbarung gerichtet war, aber nichtsdestotrotz immer noch besteht. Selbst nach dem Ableben des Gesandten ﷺ bis zum heutigen Tag gab es kein Buch, das jemals eine solche Behauptung aufgestellt und eine solche Herausforderung verkündet hat.

Es wäre keine Übertreibung zu sagen, dass wir mit diesen wenigen Seiten nur leicht an der Oberfläche der Beweise für die Existenz Gottes und die Wahrhaftigkeit der Gesandten gekratzt haben. Die Werke der muslimischen Theologen *(mutakallimūn)* sind außerordentlich detailliert und behandeln die subtilsten Fragestellungen. Die größten und schwierigsten Einwände gegen die Überzeugungen kamen von muslimischen Theologen selbst. Sie haben jedes Argument auf Herz und Nieren geprüft. Dabei haben sie nie davor zurückgescheut, die Beweise ihrer Vorgänger zu kritisieren. Es ging ihnen nicht darum, willkürlich Kritik zu üben, sondern die Beweise stichhaltig zu machen und die Probleme selber frühzeitig zu erkennen, um darauf zufriedenstellende Antworten zu finden oder die wissenschaftliche Diskussion für die kommenden Generationen durch neue Fragestellungen lebendig zu halten. Wer blinden Autoritätsglauben sucht, ist bei den muslimischen Theologen an der falschen Adresse.

Das Ziel dieses Abschnitts war es also, einen Eindruck von den Begriffsinstrumenten und ihrer Anwendung zu vermitteln. Wer die Verstandsurteile richtig einsetzt, wird notwendigerweise zu der Erkenntnis gelangen, dass ein Schöpfer existiert. Das bildet den ersten Teil des Glaubensbekenntnises: Es gibt keinen Gott außer Allah *(lā ilaha illa Allah)*. Das allein reicht jedoch nicht aus, um Muslim zu sein. Denn auch Juden, Christen und

Deisten werden anhand der Verstandsurteile zu dieser Erkenntnis gelangen. Die wahre Abgrenzung zwischen einem Muslim und anderen Überzeugungen erfolgt, indem der Gesandte ﷺ als wahrhaftig erklärt wird. Dies bildet den zweiten Teil des Glaubensbekenntnises: Muhammad ist der Gesandte Allahs (*Muhammad rasūl Allah*). Den Gesandten ﷺ als wahrhaftig zu erklären, bedeutet, dass man alles innerhalb der Offenbarung bestätigt. Das führt uns zum nächsten Abschnitt, in dem es um das Verhältnis zwischen Vernunft und Offenbarung geht.

Verstand & Offenbarung

Was ist der Unterschied zwischen den folgenden Aussagen:

> Er ist der beste Fußballspieler, keiner kann ihm das Wasser reichen!
>
> Er arbeitet auf dem Dach und ist durstig, aber keiner kann ihm das Wasser reichen.

Die erste Aussage beinhaltet einen metaphorischen Ausdruck. Hier bedeutet „keiner kann ihm das Wasser reichen," dass niemand auf dem Niveau dieses Fußballspielers ist. Die zweite Aussage hingegen enthält denselben Ausdruck, aber aufgrund des Kontexts wird sofort klar, dass es sich hierbei nicht um eine Metapher, sondern um die wortwörtliche Bedeutung handelt. Metaphern und Redewendungen gibt es in jeder Sprache, sie sind jedoch in der Regel sehr spezifisch und kulturell geprägt, auch wenn man hin und wieder gleiche oder ähnliche Ausdrücke in mehreren Sprachen findet.

Das führt uns zu dem Thema der Koraninterpretation. Um den Koran richtig zu verstehen, ist es notwendig, Metaphern und Redewendungen von den wortwörtlichen Bedeutungen zu unterscheiden. Darüber hinaus gibt es mehrdeutige Wörter und Ausdrücke. Wir brauchen somit Prinzipien, bevor wir den Koran interpretieren können. Es gibt nämlich Koranverse, die oberflächlich betrachtet den Verstandsurteilen widersprechen. Würde man diese wortwörtlich verstehen und übersetzen, gäbe es Passagen, in denen Allah Körperteile zugeschrieben werden. Doch, wie im zweiten Abschnitt besprochen, kommt Allah rational notwendigerweise die Eigenschaft der Wesensverschiedenheit zu. Solche Stellen müssen also im Rahmen der Verstandsurteile ausgelegt werden. Denn sonst entsteht folgendes Problem: Man beweist anhand der Verstandsurteile Allahs Existenz, Seine Eigenschaften und die Wahrhaftigkeit des Gesandten ﷺ. Zur Wahrhaftigkeit gehört, dass alles, was im Koran steht, wahr ist, denn der Gesandte ﷺ ist es, der ihn uns übermittelt hat. Wenn aber im Koran etwas steht, das rational unmöglich ist, dann widerspricht es der Grundlage, mit der wir die Wahrhaftigkeit des Korans bewiesen haben. Es wäre, als würde der Koran uns sagen: Du kannst dich nicht auf deinen Verstand verlassen, mit dem du bewiesen hast, dass ich die Wahrheit sage. Das ist offensichtlich nicht im Einklang mit der Botschaft im Koran, weil dieser uns mitteilt, dass wir unseren Verstand verwenden sollen. Daher wäre es widersprüchlich, dass der Koran einerseits sagt, wir sollen den Verstand verwenden und auf der anderen Seite rational unmögliche Aussagen beinhaltet.

Nun stellt sich die Frage, wie man bestimmt, was wortwörtlich gemeint ist und was interpretiert werden muss. Eine kurz gefasste allgemeine Antwort hierzu lautet: *Alles, was rational unmöglich ist, muss interpretiert werden. Alles hingegen, was rational möglich ist, kann wortwörtlich verstanden werden, sofern es keine Hinweise gibt, dass es interpretiert werden muss.*

Eine ausführliche Darlegung zu diesem Thema finden wir in der Abhandlung von Imam Ghazālī mit dem Titel *Prinzipien der Interpretation*, die im Folgenden mit einigen Kommentaren zitiert wird.

Auf den ersten Blick hat man den oberflächlichen Eindruck, dass es einen Konflikt zwischen Verstand und Offenbarung gibt. Diejenigen, die sich mit dieser Frage befassen, haben sich aufgespalten in:

1. Diejenigen, die an einem Extrem ihre Untersuchungen auf die Offenbarung beschränken.

2. Diejenigen, die am anderen Extrem ihre Untersuchungen auf den Verstand beschränken;

3. Die Gemäßigten in der Mitte, die danach streben, beide zu vereinigen und zu versöhnen.

Die Gemäßigten haben sich wiederum aufgespalten in:

1. Diejenigen, die den Verstand grundlegend und Offenbarung sekundär gemacht haben.

2. Diejenigen, die die Offenbarung grundlegend und Verstand sekundär gemacht haben und die sich daher nicht besonders mit der Untersuchung des Verstandes beschäftigt haben.

3. Diejenigen, die Verstand und Offenbarung gleichermaßen grundlegend gemacht haben und danach strebten, die beiden zusammenzubringen und zu vereinbaren.
Es gibt also insgesamt fünf Gruppen.

Die erste Gruppe

Sie besteht aus denen, die ihre Untersuchungen auf die Offenbarung beschränkt haben. Sie stehen auf der ersten Stufe des Weges, da sie sich mit dem begnügen, was sie von der äußeren Bedeutung des Offenbarten verstehen.

Sie haben als wahr angenommen, was die Offenbarung in ihren Einzelheiten und in ihren Grundlagen beinhaltet. Wenn sie aufgefordert werden, einen Widerspruch in der äußeren Bedeutung der Offenbarung zu erklären und eine Interpretation *(ta'wīl)* zu geben, weigern sie sich, indem sie sagen, dass Allah Macht über alle Dinge hat.

Wenn jemand sie zum Beispiel fragt, wie die Person des Satans zur gleichen Zeit an zwei Orten und in zwei verschiedenen Gestalten gesehen werden kann, antworten sie, dass angesichts der Macht Allahs nichts erstaunlich ist, denn Allah hat Macht über alle Dinge. Und vielleicht würden sie sich nicht scheuen, zu sagen, dass es in der Macht Allah, des Erhabenen, steht, dass eine Person zur gleichen Zeit an zwei Orten ist.[1]

Das letzte Beispiel ist ein offensichtlicher Widerspruch, denn ein und dieselbe Sache kann nicht im selben Moment an zwei Orten gleichzeitig sein. Das ist rational unmöglich. Wie im zweiten Abschnitt besprochen, kann das, was rational unmöglich ist, nicht existieren und steht daher auch nicht in Verbindung zur Allmacht Allahs. Imam Ghazāli sagt weiter:

Die zweite Gruppe

Sie entfernte sich von der ersten Gruppe und ging zum entgegengesetzten Extrem von ihnen. Sie beschränkten ihre Untersuchungen auf den Verstand und befassten sich nicht mit der Offenbarung.

Wenn sie in der Offenbarung etwas hören, dem sie beipflichten, so nehmen sie es an. Wenn sie hingegen etwas hören, das im Konflikt mit ihrem Verstand steht, behaupten sie, dass es etwas ist, das von den Propheten imaginiert worden ist, denn die Propheten mussten auf die Ebene der gewöhnlichen Leute herabsteigen; und manchmal war es

1 Abū Hāmid al-Ghazālī, *Qānūn al-ta'wīl,* 15-16.

für sie notwendig, Dinge auf eine Weise zu beschreiben, die nicht der Wirklichkeit entsprach. Daher interpretierten sie alles, was nicht mit ihrem Verstand übereinstimmte, auf diese Weise. Sie übertrieben es mit dem Verstand derart, dass sie Ungläubige wurden, indem sie den Gesandten ﷺ Lügen zuschrieben, um des allgemeinen Wohls willen. (...)[1]

Mit dieser zweiten Gruppe meint Imam Ghazālī die sich dem Islam zuschreibenden Philosophen, die die Aussagen des Korans in Bezug auf die Wiederauferstehung und das Jenseits negierten. Sie behaupteten, dass diese Aussagen nicht wortwörtlich zu verstehen seien, sondern auf diese Art verkündet wurden und damit die Allgemeinheit der Menschen mit beschränkten Verständnis über die „wahren" Realitäten der Dinge adressierten. Diese Philosophen waren unter anderem davon überzeugt, dass es keine körperliche Wiederauferstehung gibt und dass die beschriebenen Belohnungen im Paradies, wie Gärten, Flüsse oder Früchte, sowie die Bestrafungen der Hölle nicht wörtlich zu verstehen seien. Diese Vorstellung ist aber nicht vertretbar, denn der Koran beschreibt an unzähligen Stellen Belohnungen und Bestrafungen, die körperlicher Natur sind. Nach der Auffassung dieser Philosophen müsste man all diese Aussagen interpretieren. Doch die Beschreibungen der Wiederauferstehung, der Hölle und des Paradieses sind rational möglich, und solange keine Notwendigkeit besteht, diese zu interpretieren, versteht man sie wortwörtlich.

Imam Ghazālī zieht als nächstes ein Zwischenfazit bezüglich dieser beiden Ansätze, zeigt die Probleme auf und beschreibt daraufhin die anderen Gruppen.

Was die erste Gruppe anbelangt, so liegt ihre Unzulänglichkeit darin, Sicherheit vor der Gefahr der Interpretation und

---

1 *Qānūn*, 16.

Untersuchung zu suchen. Sie gerieten schließlich in den Bereich des Unwissens und fühlten sich darin sicher. Nun ist die Position der ersten Gruppe näher an der Sicherheit als die der zweiten Gruppe. Die erste Gruppe suchte Zuflucht vor den Schwierigkeiten, indem sie sagte, dass Allah Macht über alle Dinge hat und dass wir die Wunder von Allahs Angelegenheit nicht ergründen können. Die zweite Gruppe suchte Zuflucht, indem sie sagte, dass der Prophet um des allgemeinen Wohls willen Dinge auf andere Weise beschrieb, als er wusste, dass sie sind. Es ist offensichtlich, wie groß der Unterschied zwischen diesen beiden Arten der Zuflucht hinsichtlich Gefahr und Sicherheit ist!

Die dritte Gruppe

Sie machte den Verstand grundlegend und untersuchte ihn ausführlich. Sie widmeten jedoch der Offenbarung wenig Aufmerksamkeit und stießen nicht auf jene Stellen, die auf den ersten Blick und oberflächlichen Eindruck hin im Widerspruch und Konflikt miteinander oder mit dem Verstand zu stehen scheinen. Sie begaben sich nicht in die Wucht der Problematik; wenn sie jedoch Stellen hörten, die mit dem Verstand in Konflikt standen, verwarfen und ignorierten sie diese oder bezichtigten ihre Überlieferer des Lügens, außer wenn die Überlieferung durch vielfältige Bezeugung *(tawātur)* erfolgte, wie der Koran, oder wenn die Worte des Hadith leicht zu interpretieren waren. Sie verwarfen, was sie als schwierig zu interpretieren erachteten, um weit hergeholte Interpretationen zu vermeiden. So waren sie der Meinung, dass die Nicht-Annahme der Texte gegenüber einer weit hergeholten Interpretation vorzuziehen ist. Es ist klar, wie gefährlich diese Position mit ihrer Verwerfung von starken Überlieferungen ist, die gerade von denselben glaubwürdigen Personen überliefert wurden, durch die uns die Offenbarung erreicht hat.[1]

Die letzte Aussage beinhaltet ein wichtiges Prinzip. Es ist wissenschaftlich nicht haltbar, starke Überlieferungen willkürlich zu verwerfen, die von denselben Menschen überliefert worden sind, die den Koran überliefert haben. Denn wenn man die Überlieferungen verwirft, mit der Begründung, sie seien nicht vertrauenswürdig, dann müsste das auch für den Koran gelten. So ist der Zweifel gegenüber den starken Überlieferungen auch ein Zweifel gegenüber dem Koran.

Die vierte Gruppe

Sie machte die Offenbarung zur Grundlage und behandelte sie ausführlich. Sie waren mit einer großen Zahl von Schriftstellen im äußeren Sinn vertraut, vermieden jedoch den Verstand und beschäftigten sich nicht ausführlich mit ihm. So erschien ihnen ein Konflikt zwischen der Offenbarung und den Dingen, die oberflächlich betrachtet in den Randgebieten der rationalen Wissenschaften fallen. Da ihre Befassung mit dem Verstand nicht so ausgedehnt war und sie sich nicht in ihn hinein begaben, waren rationale Unmöglichkeiten für sie nicht offenkundig, denn manche Unmöglichkeiten werden erst nach einer sorgfältigen und eingehenden Untersuchung erkannt, die auf vielen aufeinanderfolgenden Prämissen basiert. Man muss hier einen weiteren Punkt hinzufügen, nämlich dass sie glaubten, dass sie alles als möglich betrachten konnten, solange nicht bekannt war, dass es unmöglich ist. Sie erkannten nicht, dass es drei Kategorien gibt:

Eine Kategorie, deren Unmöglichkeit durch einen Beweis erkannt wird; eine Kategorie, deren Möglichkeit durch einen

1 *Qānūn*, 17

Beweis erkannt wird; und eine Kategorie, von der weder die Möglichkeit noch die Unmöglichkeit erkannt wird.

Es war bei ihnen üblich, diese dritte Kategorie als möglich zu beurteilen, da ihre Unmöglichkeit ihnen nicht ersichtlich war. Das ist ein Fehler, ebenso wie es ein Fehler ist, zu schlussfolgern, dass etwas unmöglich ist, weil seine Möglichkeit nicht ersichtlich ist. Es gibt in der Tat eine dritte Kategorie, die weder als möglich noch als unmöglich erkannt ist, entweder weil sie [1.] jenseits des Verstandes ist und mit menschlichem Vermögen nicht erfasst werden kann oder [2.] aufgrund der Unzulänglichkeit eines einzelnen Forschers wegen seiner Unfähigkeit, den Beweis selbst zu entdecken, oder [3.] weil er niemanden hat, um ihm den Beweis darzulegen.

Ein Beispiel für Ersteres aus dem Bereich des Sehsinnes ist die Unfähigkeit des Sehvermögens, zu bestimmen, ob die Zahl der Sterne gerade oder ungerade ist, oder ihre wirklichen Größen aufgrund ihrer Entfernung zu erkennen.

Ein Beispiel für Zweiteres, ist die spezifische Unzulänglichkeit. Es ist die Unfähigkeit mancher Leute, die Stellungen des Mondes wahrzunehmen, ebenso wie die Sichtbarkeit von vierzehn von ihnen zu jeder gegebenen Zeit der Nacht und die Verborgenheit von vierzehn von ihnen im entgegengesetzten Lauf zu den sichtbaren Stellungen, wie sie auf- und untergehen, wie auch andere Dinge, die manche Leute mit dem Sehsinn erfassen und andere nicht. Solche Unterschiede in der Fähigkeit betreffen auch das Fassungsvermögen des Verstandes.

Da diese vierte Gruppe sich nicht tief in die rationalen Wissenschaften hinein begab, stießen sie nicht auf viele dieser Unmöglichkeiten. Ihnen blieb daher die große Mühe erspart, die meisten Interpretationen vorzunehmen, denn sie waren sich nicht irgendeiner Notwendigkeit der Interpretation bewusst. Sie ähneln jemandem, der nicht weiß, dass Allahs Sein an einer Örtlichkeit unmöglich ist, und der daher auf die Interpretation von *fawqa* (wörtlich: über) und *istawā* (wörtlich: besteigen) sowie von allen solchen Wörtern, die auf eine Örtlichkeit verweisen, verzichten kann.[1]

Imam Ghazālī beschreibt hier, dass diese Gruppe von Menschen sich nicht darüber bewusst ist, dass wenn man Allah einen Ort zuschreibt, es rational notwendigerweise bedingt, dass Er einen Körper haben muss. Denn Örtlichkeit bedeutet nichts weiter als Raum einnehmen, und „über etwas sein" beschreibt in der wortwörtlich Bedeutung das Verhältnis zwischen zwei Körpern. Wenn man also sagt „Allah ist über uns" und es wortwörtlich meint, dann bedingt das notwendigerweise, dass Er einen Körper hat. Wenn man aber damit meint, dass Er erhaben über alle Dinge ist, dann ist es keine wortwörtliche Bedeutung des Wortes „über", so wie die Aussage: „Dein Chef ist über dir."

Die fünfte Gruppe

Sie ist die mittlere Gruppe, welche die Untersuchung von Verstand und Offenbarung miteinander verbunden hat. Sie machten jede davon zu einer wichtigen Grundlage und bestritten einen Widerspruch zwischen Verstand und Offenbarung und dessen wirkliches Bestehen. Wer den Verstand verwirft, verwirft auch die Offenbarung, denn nur durch den Verstand wird die Wahrhaftigkeit der Offenbarung erkannt. Würde die Wahrhaftigkeit des Beweises des Verstandes nicht erkannt, würden wir weder den Unterschied zwischen dem wahren Propheten und dem falschen Propheten erkennen, noch zwischen dem Wahrhaftigen und dem Lügner. Wie kann der Verstand durch die Offenbarung verworfen

1 *Qānūn*, 18-19.

werden, wenn die Offenbarung nur durch den Verstand als wahr erwiesen werden kann?

Diese bilden die Gruppe, die im Recht ist. Sie sind einer richtigen Methode gefolgt. Sie haben allerdings eine schwierige Stufe erklommen, ein erhabenes Ziel erstrebt und einen mühsamen Weg beschritten. Wie schwierig das Ziel ist, das sie erstrebt haben, und wie hart der Weg ist, den sie beschritten haben! Er mag an manchen Stellen eben und leicht sein, aber an den meisten ist er mühsam und schwierig.

Ja, wer sich eingehend mit den islamischen Wissenschaften befasst und sich ausführlich mit ihnen beschäftigt hat, wird dazu fähig sein, Verstand und Offenbarung in den meisten Fällen mit naheliegenden Interpretationen zu versöhnen. Es bleiben dennoch unvermeidlich zwei Fälle, in denen die Interpretation schwierig ist: Der eine ist der Fall, in dem man gezwungen ist, weit hergeholte Interpretationen zu verwenden, vor denen Verständige zurückschrecken; und der andere ist der Fall, in dem es nicht ersichtlich ist, wie überhaupt irgendeine Interpretation vorzunehmen ist.

Dieser letztere Fall ist ein ähnliches Problem wie das der Buchstaben, die am Anfang der Suren des Koran stehen, da keine richtige Erklärung ihrer Bedeutung überliefert wurde.[1] Wer vermeint, diesen zwei Fällen entkommen zu sein, tut dies entweder aufgrund seiner Unzulänglichkeit im Verstand und seiner Ferne von der Erkenntnis der rationalen Unmöglichkeiten, so dass er das für möglich erachtet, von dem er nicht erkennt, dass es unmöglich ist, oder aufgrund seiner Unzulänglichkeit im Lesen der Überlieferungen, so

---

1 Hiermit sind die „abgetrennten Buchstaben" (*hurūf muqattaʿa*) gemeint, die am Anfang einigen Koransuren stehen, wie die Suren 2, 3, 7, 10, 11, 12, 13, 14 und 15.

dass er nicht auf viele einzelne Überlieferungen gestoßen ist, die im Widerspruch zum Verstand stehen.[1]

Die letzte Gruppe, die Imam Ghazālī als die richtige bezeichnet, hat es sich zur Aufgabe gemacht, den Verstand und die Offenbarung miteinander zu harmonisieren. Es ist der richtige Mittelweg, aber gleichzeitig schwieriger, denn, wie Imam Ghazālī erwähnt, gibt es Überlieferungen, deren Interpretation eine Herausforderung darstellen. Sie sind nicht die Regel, aber dennoch besteht der Anspruch, dass wenn eine Überlieferung authentisch ist, diese auch zu verstehen und nachvollziehbar zu interpretieren. Hierfür sei ein kurzes Beispiel angeführt.

In einer Überlieferung heißt es, dass Adam ﷺ mit einer Körpergröße von sechzig Ellen (ca. 27 Meter) erschaffen wurde und dass die Menschen, wenn ins Paradies eingehen, seine Gestalt haben werden.[2] Nun ist es rational möglich, dass ein Mensch so groß oder sogar noch größer sein könnte. Doch es scheint archäologisch keine Belege dafür zu geben, dass die Menschen früher größer waren. So sagt Ibn Hajar, der große Hadith-Gelehrte und Kommentator von Sahīh Bukhārī, dass die Häuser von früheren Völkern, die er gesehen hat, nicht übermäßig groß waren, und man daraus schließen kann, dass ihre Körpergröße ebenfalls nicht übermäßig groß war. Darum beendet er seine Untersuchung dieser Hadith mit den Worten: "Mir ist bis jetzt nichts in den Sinn gekommen, was dieses Problem behebt."[3] Das Problem besteht darin, dass es auf der einen Seite einen stark überlieferten Hadith gibt, aber auf der anderen Seite der Inhalt Interpretationsschwierigkeiten aufweist. Da der Inhalt des Hadith rational möglich ist, ist das naheliegendste, empirische Belege zu suchen. Doch genau diese

1 *Qānūn*, 19-20.

2 Hadith (Bukhārī).

3 Ibn Hajar al-ʿAsqalānī, *Fath al-Bārī*, Bd. 10, 15.

standen Ibn Hajar nicht zur Verfügung. Nun ist es nicht abwegig, dass sich in der Zukunft doch noch empirische Belege für diese Überlieferung finden lassen, und darum ist die Haltung von Ibn Hajar, keine Interpretation vorzunehmen, nachvollziehbar. Außerdem ist der Inhalt des Hadith keine fundamentale Frage von *ʿaqīda* (Überzeugung), sodass keine Notwendigkeit besteht, eine Antwort zu finden. Mit anderen Worten, es ist keine Frage von *īmān*, eine bestimmte Überzeugung hinsichtlich der Körpergröße von Adam ﷺ zu haben.

Abschließend soll es ein Beispiel für die Anwendung der Prinzipien der Koraninterpretation geben, um die Theorie in die Praxis umzusetzen. Bei der kurzen Untersuchung wird auf detaillierte Fragen, wie die Offenbarungsanlässe, verzichtet, weil es hier um die wortwörtlichen und metaphorischen Ausdrücke im Koran geht. Im Koran heißt es:

> *Und die Juden sagen: „Allahs Hand ist gefesselt." Ihre Hände seien gefesselt und sie seien verflucht für das, was sie sagen. Nein! Vielmehr sind Seine beiden Hände weit ausgestreckt; Er gibt aus, wie Er will.*[1]

In seinem Korankommentar erwähnt Ibn Kathīr, dass der Ausdruck „Allahs Hand ist gefesselt" eine Metapher für Geiz ist.[2] An einer anderen Stelle im Koran wird dasselbe Bild der „gefesselten Hand", nämlich im Kontrast zu einer „großzügig ausgestreckten Hand", verwendet. Dort heißt es:

> *Und lass deine Hand nicht an deinem Hals gefesselt sein, aber strecke sie auch nicht vollständig aus. Sonst würdest du getadelt und verarmt dasitzen.*[3]

---

1 Koran (5:64).

2 Ibn Kathīr, *Tafsīr al-Quran al-ʿaẓīm*, Bd. 3, 146.

3 Koran (17:29).

An dieser Stelle wird dem Gesandten ﷺ und durch ihn indirekt allen Muslimen befohlen, weder geizig noch verschwenderisch zu sein. Vielmehr soll man ein Gleichgewicht bewahren,[1] sprich einen Mittelweg einschlagen.

Dieses Beispiel verdeutlich, dass der Ausdruck „Allahs Hand“ nicht wortwörtlich verstanden werden kann, weil der Inhalt des Koranvers keinen Sinn ergeben würde. Außerdem ist es rational unmöglich, Allah eine Hand zuzusprechen, da Er der Schöpfung nicht ähnelt.

Nun könnte die Frage gestellt werden: Warum wird als Antwort gesagt: „Seine beiden Hände“? Die Korankommentatoren erklären, dass die Verwendung von „zwei Händen“ die Großzügigkeit im Kontrast zum Singular „Allahs Hand“ darstellt.[2] Das arabische Wort *yad* bedeutet also wortwörtlich *Hand*, und eine metaphorische Verwendung ist *Großzügigkeit*.

Nun kann das Wort *Hand* auch etwas anderes als *Großzügigkeit* ausdrücken. Mit dem folgenden Koranvers sollen zwei verschiedene Herangehensweisen bei den Korankommentaren verdeutlicht werden. Im Koran heißt es:

Und den Himmel haben Wir mit unseren Händen aufgebaut.[3]

Hier ist es wichtig hervorzuheben, dass die Pluralform Hände *(aydī)*, verwendet wird. Wie bereits erwähnt, ist es rational unmöglich, dass Allah Körperteile besitzt. Wenn man nun nach der Negation der wörtlichen Bedeutung nicht weiter spezifizieren möchte, was das Wort *Hände* bedeutet, dann hat man eine allgemeine Interpretation *(tafsīr ijmālī)* vorgenommen. Diese wird als *tafwīḍ* bezeichnet und bedeutet, dass man die

1 Siehe: Ibn Kathīr, *Tafsīr al-Quran al-ʿaẓīm*, Bd. 3, 146.

2 Siehe: Abū al-Barakāt al-Nasafī, *Madārik al-tanzīl*, Bd. 1, 450.

3 Koran (51:47).

intendierte Bedeutung dieses Koranverses nicht weiter untersucht und diese Allah überlasst.

Möchte man das Wort *Hände* aber interpretieren und eine von den mehreren metaphorischen Verwendungen spezifizieren, dann nennt man das eine spezifische Interpretation *(tafsīr tafsīlī).* In der arabischen Sprache kann das Wort *Hand* unter anderem *Kraft, Macht, Großzügigkeit, Wohltat, Einfluss* oder *Autorität* bedeuten. Nachdem die wortwörtliche Bedeutung negierte wurde, schaut man auf den Kontext des Koranverses und stellt fest, dass hier die Bedeutunen *Kraft* oder *Macht* naheliegender sind. Man könnte den Koranvers also folgendermaßen übersetzen: ﴾Und den Himmel haben Wir mit unserer Kraft aufgebaut.﴿ Tatsächlich sieht man genau diese Übersetzung in vielen deutschen Koranübersetzungen.

Es ist wichtig anzumerken, dass, obwohl man sich auf eine der mehreren metaphorischen Bedeutungen festgelegt hat, man nicht behauptet, dass dies mit absoluter Gewissheit das ist, was Allah beabsichtigt. Auch nach der genaueren Interpretation maßt man sich nicht an zu wissen, was Allah genau gemeint hat. Es gilt das Prinzip: Und Allah weiß es am besten!

Fragen

1.) Was sind die Themen, mit denen sich *kalām* beschäftigt?
- [ ] Gottesexistenz
- [ ] Wahrhaftigkeit der Gesandten
- [ ] Jenseits

2.) Wie werden Nicht-Muslime nach Imam Ghazālī bezeichnet?
- [ ] Fähig
- [ ] Vernünftig
- [ ] Gebildet

3.) Zu den Bedeutungen der Vernunft gehören?
- [ ] Emotionen
- [ ] Erkenntnispotenzial
- [ ] Verstandsurteile

4.) Zu den wichtigsten Aufgaben der Vernunft gehört es:
- [ ] Die Begierden zu bändigen.
- [ ] Sich den Gelüsten hinzugeben.
- [ ] Sich den Begierden hinzugeben.

5.) Was gehört zu den Bedingungen der religiösen Verantwortung (*taklīf*)?
- [ ] Vernunft (*ʿaql*)
- [ ] Geschlechtsreife (*bulūgh*)
- [ ] Kenntnis über die Existenz des Gesandten ﷺ

6.) Was bedeutet die Aussage: *Der Islam basiert auf den Verstand?*

[ ] Er ist im Einklang mit allen wissenschaftlichen Theorien.
[ ] Die Wahrhaftigkeit des Islam wird rational bewiesen.
[ ] Alle religiösen Normen sind rational erklärbar.

7.) Wie hängen Beweiswunder der Propheten mit den Verstandsurteilen zusammen?

[ ] Sie sind rational möglich und empirisch unmöglich.
[ ] Sie sind rational unmöglich.
[ ] Sie lassen sich empirisch erklären.

8.)Nenne drei Beispiele für etwas, das rational möglich und empirisch unmöglich ist.

9.) Wieso ist es rational unmöglich, dass Gott einen Sohn hat? Welcher der rational notwendigen Eigenschaften Gottes widerspricht diese Annahme?

10.) Wie würdest du antworten, wenn dich jemand fragt: Warum glaubst du an Engel? Verwende bei deiner Antwort die *kalām*-Terminologie.

Lernplattform

Möchtest du dein Wissen vertiefen und mehr Details zu den Inhalten dieser Ausgabe erhalten, dem Herausgeber Fragen stellen und Teil einer Gemeinschaft von wissbegierigen Menschen werden? Dann trete unserer Online-Community bei!

Spuren der Vernunft ist eine besondere Art von Zeitschrift, weil sie dir die Möglichkeit bietet, dich aktiv auf der Webseite dich aktiv mit den Inhalten auseinanderzusetzen und sie zu festigen.

Auf der Webseite findest du:

- Videos zu jeder Ausgabe
- Weitere Quizfragen mit Antworten
- Fragerunde zu den Inhalten jeder Ausgabe
- sichere Gemeinschaft mit wissbegierigen Muslimen
- Exklusives Material, wie Coupons & Mitglieder-Newsletter

spurendervernunft.de

Herausgeber

Dr. Navid Chizari

Lehrtätigkeiten

Ibn Haldun University (Istanbul)

IKAN Aklî İlimler Medresesi (İstanbul Sultanahmet Vakfı)

Ausbildung

Doctorate of Philosophy in Islamic Studies
School of Islamic Studies (*Ibn Haddun University in Istanbul*)

Master of Arts in Islamwissenschaften und Arabistik
Institut für Arabistik und Islamwissenschaften (*WWU Münster*)

Bachelor of Arts in Islamische Theologie
Institut für Islamische Theologie (Universität Osnabrück)

Traditionelle Ausbildung unter anderem bei
Dr. Mahmud Kellner, Dr. Hamza al-Bakri & Dr. Ali al-Omari.

Literatur

Abū al-Barakāt al-Nasafī, *Madārik al-tanzīl wa haqā'iq al-ta'wīl,* (Istanbul: Dār Tahqīq al-Kitāb, 2019)

Abū Hamid al-Ghazālī, *Ihyāʾ ʿulūm al-dīn* (Damaskus: Dār al-Minhāj, 2011)

Abū Hamid al-Ghazālī, *Mihakk al-nazar* (Damaskus: Dār al-Minhāj, 2019)

Abū Hamid al-Ghazālī, *Miʿyār al-ʿilm* (Damaskus: Dār al-Minhāj, 2019)

Abū Hamid al-Ghazālī, *Mīzān al-ʿamal* (Jeddah: Dār al-Minhāj, 2018)

Abū Hamid al-Ghazālī, *Qānūn al-taʾwīl* (*ohne Angabe*1992)

Ibn Hajar al-ʿAsqalānī, *Fath al-bārī* (Damaskus: Dār al-Risāla al-ʿĀlamiyya, 2013)

Ibn Kathīr, *Tafsīr al-Qurān al-ʿazīm* (Riyad: Dār Tayba, 1997)

Kurt Salamun, *Wie soll der Mensch sein?* (Tübingen: Mohr Siebeck, 2012)

Navid Kermani, *Gott ist schön* (München: C.H. Beckverlag 2015)

Notizen

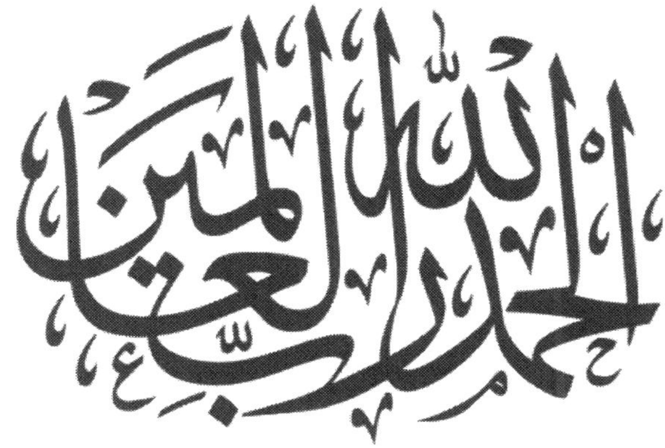

Ort:

Beendet am:

Unterschrift & Stempel:

Printed in Poland
by Amazon Fulfillment
Poland Sp. z o.o., Wrocław

32008165R00052